Angelika Blum

Die hochmütige Hummel

und 36 weitere Geschichten,
die Kindern biblische Begriffe
anschaulich machen

Verlag der
St.-Johannis-Druckerei
C. Schweickhardt
Lahr-Dinglingen

Die Deutsche Bibliothek – CIP-Einheitsaufnahme

Blum, Angelika:
Die hochmütige Hummel und 36 weitere Geschichten, die Kindern biblische Begriffe anschaulich machen / Angelika Blum. – Lahr-Dinglingen : St.-Johannis-Dr. Schweickhardt, 1991
(SJD-Lesezeit – Vorlesezeit ; 05502)
ISBN 3-501-05502-1
NE: GT

ISBN 3 501 05502 1

SJD-Lesezeit – Vorlesezeit 05 502
© 1991 by Verlag der St.-Johannis-Druckerei C. Schweickhardt,
Lahr-Dinglingen
Umschlaggestaltung: R. Seibold
Gesamtherstellung:
St.-Johannis-Druckerei, 7630 Lahr/Schwarzwald
Printed in Germany 10542/1991

Inhalt

Ulis Apfelbaum

»Hhmmm, Opa, der schmeckt aber gut!« Herzhaft beißt Uli noch einmal in den leckeren roten Apfel. Er hat ihn eben im Garten direkt vom Baum abgepflückt.

Uli kaut genießerisch und streicht sich zur Bekräftigung mit der Hand über den Bauch. Opa lacht. »Na, mein Junge – du tust ja gerade so, als hättest du vor zwei Jahren den letzten Apfel gegessen.« Uli stößt seinen Großvater an und grinst: »Schade, daß man das dumme Kerngehäuse nicht auch noch essen kann.« Er puhlt mit dem Zeigefinger einen der Kerne heraus, steckt ihn in seine Hosentasche und wirft dann das Kerngehäuse mit kräftigem Schwung in die Weißdornhecke. Der Großvater stopft indessen bedächtig seine Pfeife. Uli schaut ihm interessiert zu.

Als Opa ein Zündholz an den Pfeifenkopf hält und tief die Luft einzieht, glimmt der Tabak knisternd auf. Dann antwortet Opa ruhig: »Essen kannst du sie nicht, die Kerne, aber machen kannst du schon etwas damit.« – Wie bitte? Was soll man schon machen können mit ein paar häßlichen kleinen Apfelkernen? Zweifelnd schaut Uli seinen Großvater an. Doch der nimmt ihn wortlos an die Hand und geht mit ihm hinüber ins Gewächshaus. Er greift nach einem von den vielen leeren kleinen Anzuchttöpfchen, die auf der Fensterbank fein säuberlich aufgereiht stehen. Er hält es Uli hin und sagt: »Da, mein Junge. Das brauchst du dafür. Wenn du nämlich dieses Töpfchen mit etwas Erde füllst und den Apfelkern sorgfältig hineinsteckst, dann hast du nach einiger Zeit ein kleines Apfelbäumchen. Willst du das mal probieren?«

»Au ja!« ruft Uli begeistert und kramt eifrig den Kern aus der Hosentasche. »Das lassen wir dann hier in deinem Gewächshaus stehen bis es groß ist, und dann pflanzen wir es im Garten ein.«

Fünf Minuten später steht das Töpfchen fix und fertig mit dem eingesteckten Kern zwischen den anderen frisch gesäten Pflanzen. In der Erde prangt ein weißes Schildchen: Ulis Apfelbaum.

Na, ob aus dem kleinen braunen Kern wirklich ein richtiges Pflänzchen wird?

Uli ist sehr gespannt und kommt jeden Tag, um seinen Kern ein wenig mit der Blumenspritze zu besprühen. Immer schaut er genau nach, ob man vielleicht schon eine winzige grüne Spitze entdecken kann. Aber immer ist er enttäuscht, denn die Erde hat sich kein bißchen verändert. Sie sieht noch genauso braun und glatt aus wie vorher.

Als zwei Wochen vergangen sind, wird Uli ungeduldig. »Ach Opa, ich glaube nicht, daß aus dem Kern wirklich ein kleiner Apfelbaum wird. Sonst würde man das doch schon längst sehen.«

»Doch«, nickt Opa lächelnd, »du mußt nur Geduld haben. Zum Wachsen braucht alles seine Zeit. An der Oberfläche kann man noch nichts entdecken, aber unter der Erde tut sich schon etwas.«

»Glaube ich nicht«, brummt Uli.

»Paß auf«, sagt Opa, »ich werde es dir beweisen. Schau her!« Und vorsichtig, ganz vorsichtig schiebt er mit einem dünnen Hölzchen ein wenig Erde zur Seite. Gespannt schaut Uli zu. Er bekommt einen richtig langen Hals, während er sich eifrig über den kleinen Blumentopf beugt. Da – als Opa noch ein Krümelchen Erde anhebt – sieht er sie: eine winzige hellgrüne Spitze, die aus dem kleinen unscheinbaren Kern gewachsen ist!

»Mensch, das ist ja toll!« entfährt es dem Jungen begeistert. »Das wird ja doch was!«

Behutsam schiebt Opa die Erdkrümelchen wieder über das kleine Wunder, das sie da eben zu Gesicht bekommen haben.

»Siehst du, Uli, dein Pflänzchen wird schon noch größer. Man muß nur Geduld haben. Eines Tages kommt es ans Licht und wird weiterwachsen. Es werden kräftige, dunkelgrüne Blätter entstehen, und der Stengel wird längst nicht mehr so zart und zerbrechlich sein wie jetzt. Aber dafür braucht es noch viel Zeit und Pflege.«

Uli nickt nachdenklich. Dann hat er plötzlich eine Idee. »Mensch, Opa«, strahlt er, »wäre das nicht ein tolles Geburtstagsgeschenk für Mama?« Opa fährt Uli lachend durch die strubbeligen Haare. »Gute Idee, Junge, nicht jeder bekommt zum Geburtstag einen Apfelbaum geschenkt!«

Stichwort: Augen haben für das Unscheinbare
Beispiel: Gleichnis vom Senfkorn, Matthäus 13, 31. 32

»Streber mag ich nicht!«

»Ach, das war mal wieder ein dummer Vormittag! So eine schwierige Mathearbeit haben wir lange nicht mehr geschrieben. Na, da werde ich wohl nicht besonders gut abgeschnitten haben.« Tanja stöhnt und beißt sich auf die Lippen. »Da kann ich heute schon mal überlegen, wie ich's meinen Eltern beibringe.«

Andrea nickt bekümmert. »Meinst du vielleicht, bei mir ist das anders? In Mathe bin ich immer schlecht gewesen, das wißt ihr ja. Ich verstehe einfach die Aufgabenstellung nicht.«

Die Mädchen sehen sich an und seufzen tief. Nachdenklich schlendern sie weiter. Tanja stößt Julia an und sagt: »Na, dich brauchen wir wohl nicht zu fragen, wie du dich fühlst. Bestimmt bekommst du wieder eine Eins oder mindestens eine Zwei, was?« Julia grinst: »Wahrscheinlich!«

Julia ist nämlich Klassenbeste. Sie muß keine Angst haben, wenn es heißt: »Heute schreiben wir ein Diktat« oder »Heute schreiben wir eine Mathearbeit.« Sie kann einfach alles. Tanja und Andrea sind nicht faul, aber das Lernen fällt ihnen nicht so leicht wie Julia.

Die beiden sind ein bißchen eifersüchtig auf Julia. »Das ist ungerecht«, denken sie, »warum müssen wir immer die schlechteren Zensuren bekommen und Julia die besten? Ob die Lehrer vielleicht Julia besonders gut leiden mögen?« – Es sind keine schönen Gedanken, die Tanja und Andrea da haben, nicht wahr? Aber vielleicht ist es euch auch schon einmal so ergangen.

Andrea tritt zornig gegen eine Cola-Dose. Laut scheppernd rollt das Blech über den Bürgersteig und bleibt verbeult liegen. Plötzlich hebt das Mädchen den Kopf und sieht Julia herausfordernd an. »Du bist eben eine Musterschülerin. Wahrscheinlich kriegst du deshalb immer so gute Zensuren. Und überhaupt, damit du's nur weißt: Streber mag ich nicht.«

Zuerst bleibt Julia verdutzt stehen, dann reißt sie die Augen auf und sagt schnippisch: »Iiiich kann doch nichts dafür, wenn ihr nicht so schlau seid wie ich. Schließlich kann ich nichts daran ändern, wenn ihr die Aufgaben nicht versteht, oder?«

Schulterzuckend schlendert sie weiter.

Schade, nun streiten sich die drei Freundinnen.

Könnte Julia nicht vielleicht doch etwas ändern?

Stichwort: Mißgunst/Überheblichkeit
Beispiel: Jakobs Lieblingssohn, 1. Mose 37, 1–11

Der Brauselolli

Christoph und Karin wohnen in einem großen Miets-
haus. Sie spielen fast jeden Tag zusammen. Karin sagt
immer, ihr bester Freund sei Christoph, und Christoph
sagt, seine beste Freundin sei Karin. Das wissen auch
die Schulkameraden der beiden und finden das ganz in
Ordnung. Christoph und Karin spielen aber nicht nur
oft miteinander, sie hecken auch so manchen Streich
aus. Gestern zum Beispiel haben sie bei irgend jeman-
dem angerufen und mit verstellter Stimme in den
Telefonhörer gebrummt: »Hier ist der Nikolaus, ist
dort Knecht Ruprecht?« Sie haben rasch wieder aufge-
legt und sich halbtot gelacht, weil der Mann am
anderen Ende der Leitung Spaß verstand und – eben-
falls mit verstellter Stimme – geantwortet hatte: »Nein,
hier ist der Osterhase!«

Jetzt sind die beiden auf dem Weg in das kleine
Geschäft an der Ecke, wo es die leckeren Brauselollis
gibt. Jedes Kind hat 20 Pfennige in der Hand. Als sie
die Tür des Geschäfts fast erreicht haben, fällt Christoph etwas ein: er greift mit gerunzelter Stirn in seine
Anoraktasche. Als er die Hand wieder herauszieht,
hält er triumphierend einen Brauselolli in die Höhe.
»Ha, den habe ich noch von vorgestern da drin.
Komm, den essen wir jetzt sofort. Willst du mal
lutschen, Karin?« Klar will sie. Hhhmmm . . . !

Einträchtig betreten die beiden Kinder das Geschäft.
Jeder nimmt aus dem Regal zwei Lollis, dann stellen sie
sich an der Kasse an. Als die Kassiererin die Preise

eingetippt hat, legen Christoph und Karin ihr Geld auf das Fließband. Aber die Kassiererin ist nicht einverstanden. »Einen Lolli hast du wohl schon aufgemacht und in den Mund gesteckt, nicht wahr? Den mußt du aber auch bezahlen, mein Junge. Das kostet für dich noch einmal zehn Pfennig«, sagt sie freundlich. »Nein«, sagt Christoph verdutzt. »Den hatte ich schon vorher.« Doch die Kassiererin glaubt ihm nicht. Als Christoph sich weigert, noch einmal zehn Pfennig zu bezahlen, ruft sie den Geschäftsbesitzer. Karin steht erschrocken daneben und wagt nichts zu sagen.

Der Geschäftsbesitzer fragt streng: »Gehört ihr zusammen, oder war der Junge allein, als er den Lolli gestohlen hat?«

Gestohlen? Christoph? Allein? In Karins Kopf kreisen die Gedanken wie ein ganzer Bienenschwarm durcheinander. »Wenn ich sage, wir gehören zusammen, dann werde ich auch bestraft«, denkt sie verzweifelt, »und wenn ich sage, wir gehören nicht zusammen, dann kann ich endlich hier raus.«

Karin weiß auch nicht, wie es kommt. Aber plötzlich hört sie sich leise sagen: »Nein, ich kenne ihn nicht.«

Mit weit aufgerissenen Augen schaut Christoph sie an.

Langsam geht Karin hinaus auf die Straße. Oh, wie ist ihr jämmerlich zumute. Mit gesenktem Kopf bleibt sie an der nächsten Straßenecke stehen. Pfui, wie bin ich feige gewesen, denkt sie und blickt verzweifelt auf ihre Schuhspitzen. Der arme Christoph! Er ist mein bester Freund . . . Karin beißt sich auf die Lippen. Ob ich nicht doch . . . Und dann dreht sie sich kurzentschlossen um und rennt in den Laden zurück.

»Halt!« ruft sie laut. »Das ist Christoph. Und wir sind zusammen gekommen. Und er hat den Lutscher nicht gestohlen. Er hat ihn schon vorher in seinem Anorak gefunden, und er hat mich schon draußen einmal lutschen lassen!«

Der Geschäftsbesitzer und die Kassiererin sehen Karin erstaunt an. Karin stellt sich neben Christoph und sagt mutig: »Sie dürfen ihm nichts tun.«

Die Kassiererin blickt auf Christoph, der immer noch wie ein Häufchen Elend vor ihr steht und fragt zweifelnd: »Stimmt das?« Christoph nickt. »Na, dann«, sagt der Geschäftsbesitzer, nimmt umständlich seine Brille ab und putzt sie mit seinem Taschentuch. »Na dann bist du ja wohl doch kein Dieb, mein Junge.« Er setzt die Brille wieder auf und sagt: »Tut mir leid, daß wir dich verdächtigt haben.« Er streicht Karin anerkennend übers Haar und sagt zu Christoph: »Eine wirklich nette Freundin hast du. Ihr haltet wohl zusammen wie Pech und Schwefel, nicht?«

Beide Kinder nicken und sehen sich an. Dann verpaßt Christoph der Karin freundschaftlich einen Rippenstoß. »Au!« grinst Karin und ist sehr glücklich.

Stichwort: Verleugnen/Reue
Beispiel: Die Verleugnung des Petrus, Markus 14,
66–72

Mut für den Gang zum Zahnarzt

Eigentlich ist Dirk nicht ängstlich. Nein, das kann man nicht sagen. Letzte Woche hat er sogar mit dem Größten aus der Klasse gekämpft. Es ging zwar nur um einen alten Fußball, den Dirk auf dem Schulweg in einem Gebüsch gefunden hatte und den Heiner haben wollte. Da haben sie gekämpft. Gewonnen hatte keiner, weil der Lehrer dazwischen kam. Aber immerhin – feige ist Dirk bestimmt nicht. Trotzdem gibt es etwas, das er am liebsten immer ganz weit hinausschiebt: den Besuch beim Zahnarzt nämlich. Vielleicht kann das der eine oder andere von euch verstehen. Sicher gibt es nur ganz wenige Kinder, die gern zum Zahnarzt gehen. Die meisten fürchten sich vor dem Bohrer oder vorm Zähneziehen. Und weil das bei Dirk genauso ist, hat er bis jetzt jedesmal seine Mutter oder mindestens die große Schwester mitgenommen.

Für heute nachmittag hat er wieder einen Termin bei Herrn Dr. Neuhaus. Seit gestern kribbelt es schon wieder in seinem Bauch. »Ach«, denkt Dirk und fühlt sich stark, »schlimmer als bisher kann's ja nicht werden. Das bißchen Bohren werde ich schon aushalten.« Gestern ist Dirk schon zehn Jahre alt geworden. Deshalb sagt er zur Mutter: »Ich möchte heute einmal alleine zum Zahnarzt gehen. Brauchst nicht mitzukommen.« – »Wie bitte?« Die Mutter ist erstaunt. »Ausgerechnet heute? Ich denke, du hast Zahnweh. Vielleicht muß gebohrt werden, und dann willst du wirklich alleine gehen?«

Dirk winkt ab und runzelt die Stirn. Als er nach seinem Anorak greift, fällt ihm auf einmal etwas ein, was sein Lehrer heute im Religionsunterricht erklärt hat. Dirk hat zwar nicht besonders gut aufgepaßt, aber er erinnert sich dennoch an die Bibelworte, von denen der Lehrer sprach. In dem Brief, den Paulus an die Phillipper schrieb, heißt es nämlich:

>*Macht euch keine Sorgen, sondern wendet euch in jeder Lage an Gott und bringt eure Bitten vor ihn.*«

»Hm«, denkt Dirk, »ob ich das wirklich mal mache?« Und weil er sich nicht traut, laut zu beten, kneift er für einen Moment die Augen zusammen und sagt in Gedanken:

»Herr Jesus, wenn das stimmt, daß du mich jetzt hören kannst, dann möchte ich dich bitten, daß du mir die Angst vor dem ollen Bohrer wegnimmst. Bitte geh du doch mit mir zum Zahnarzt. Amen.«

Etwas später drückt er auf den Klingelknopf an der Tür der Zahnarztpraxis. Zuvor hat er einmal ganz doll geschluckt, aber das hat keiner gemerkt.

Sssss – Dirk stößt gegen die Tür und geht gleich auf die Anmeldetheke zu. Dahinter sitzt ein junges Mädchen und lächelt ihn an. »Hallo, Dirk!« sagt sie freundlich. »Du bist aber pünktlich.« Dann fragt sie überrascht: »Bist du etwa heute alleine gekommen?«

»Klar«, nickt Dirk, als wenn das ganz selbstverständlich wäre.

Das junge Mädchen zeigt auf das Wartezimmer und sagt lächelnd: »Na, dann setz dich doch mal einen Moment da hinein.« Dirk setzt sich auf eine Stuhlkante und schnuppert in die Luft. Er findet den Medizingeruch in der Zahnarztpraxis scheußlich!

Als es endlich soweit ist und er ins Sprechzimmer gerufen wird, kribbelt es auf einmal wieder ganz stark in seinem Bauch. Was ist das bloß? Dirk setzt sich auf den Behandlungsstuhl, bekommt ein Lätzchen aus weißem Papier umgebunden, und dann geht auch schon die Tür auf, und der Doktor tritt ein.

»Tag, Dirk«, sagt er freundlich und gibt dem Jungen die Hand. »Du bist heute ganz allein hier? Prima – na, dann wollen wir mal.« Dirk, öffnet ganz weit seinen Mund und zeigt dabei mit dem Finger auf seinen kranken Zahn. Dr. Neuhaus tippt mit dem Stiel des Mundspiegels dagegen und fragt: »Der hier? Tut das weh?« Dirk nickt mit geöffnetem Mund und verzieht das Gesicht. »Du kannst den Mund erst mal wieder zumachen, Dirk«, sagt Dr. Neuhaus und legt den Mundspiegel auf die Ablage. »Leider ist es nämlich mit dem Bohren nicht getan. Das haben wir bei diesem Zahn schon ein paarmal probiert. Hoffentlich bist du mir nicht böse, aber ich muß dir den Übeltäter ziehen. Am besten sofort. Hast du heute soviel Mut, oder möchtest du lieber morgen mit deiner Mutter wiederkommen?«

Ganz weit reißt Dirk vor Schreck seine Augen auf. Was, ziehen will er den Zahn? Ausgerechnet heute? Nee, bloß nicht. Das geht jetzt nicht. Er will schon aufstehen und sich selbst das Lätzchen abnehmen, da spürt er plötzlich, wie die Angst vergeht. Das Kribbeln im Bauch läßt nach. Er läßt die Hand wieder sinken und überlegt. Geht das wirklich nicht? Er will doch mutig sein. Er hat doch extra zu Mutter gesagt, daß er alleine gehen will. Und dann soll alles umsonst gewesen sein, bloß, damit er am nächsten Tag wieder hier sitzt? Nein, er ist doch nicht feige!

Dirk lehnt sich wieder zurück, besieht sich ganz genau seinen rechten Daumen, und dann hört er sich brummen: »Nee, machen Sie mal jetzt.« – Nach fünf Minuten ist der Zahn draußen. Dirk hat überhaupt nichts gespürt, bloß vorher den Piekser von der Spritze. Als er erleichtert dem Zahnarzt die Hand gibt, meint die Sprechstundenhilfe anerkennend: »Du bist aber ganz schön mutig.« Dirk wird rot. Er will grinsen, aber er kann nicht. Sein Gesicht ist ganz schief, und es wird bloß eine komische Grimasse daraus. Als er die Tür der Zahnarztpraxis hinter sich zugezogen hat, fällt ihm etwas ein: »Danke, daß du mir geholfen hast. Das war echt toll«, flüstert er lautlos, und dann springt er mit langen Sätzen die Treppe hinunter . . .

Stichwort: Vertrauen auf Gottes Hilfe
Beispiel: Philipper 4, 6

Ein großer Helfer

Elfi ist alleine zu Hause. Es ist Abend, und die Eltern sind ausgegangen. Das haben sie noch niemals zuvor gemacht, weil sie wissen, daß Elfi ein kleiner Angsthase ist und nicht gern alleine bleiben will. Aber heute hat Papa gemeint, Elfi sei nun groß genug, um einmal eine Stunde alleine bleiben zu können. Die Eltern sind nicht weit fort, nur im Nachbarhaus. Elfi hat die Telefonnummer der Nachbarn auf ihrem Schreibtisch liegen. Mama hatte gesagt, sobald etwas nicht in Ordnung sei, könne Elfi drüben anrufen.

In Ordnung – in Ordnung ist eigentlich überhaupt nichts, denkt Elfi bange. Überall knackt es in der Wohnung, draußen ist es stockfinster, man hört unheimliche Geräusche. Ganz tief drinnen weiß Elfi genau, daß der Wind diese Geräusche macht, aber – könnte es nicht vielleicht auch etwas anderes sein? Vielleicht ein Einbrecher, der um das Haus schleicht?

Elfi hockt in ihrem Bett und zieht die Bettdecke weit hinauf bis ans Kinn. »Mama hat gesagt, ich kann anrufen, wenn etwas nicht in Ordnung ist«, denkt sie und nickt vor sich hin. Das will sie jetzt sofort tun. Länger hält sie das Alleinsein bestimmt nicht mehr aus.

Sie will gerade aus dem Bett steigen, als sie plötzlich ein Geräusch aus der Küche vernimmt. Was war das? Ganz deutlich hat sie ein Kratzen gehört! Rasch zieht sie ihren Fuß wieder unter die Bettdecke und sitzt mäuschenstill. Wenn bloß Mama oder Papa hier wäre!

Elfi horcht – alles ist wieder still. Ihre Augen wandern ängstlich im Zimmer umher und bleiben an der Kinderbibel hängen. Sie liegt in dem Regal neben ihrem Schreibtisch. Rasch huscht sie aus dem Bett und greift nach dem bunten Buch. Irgendwann hat Mama einmal erklärt, daß die Menschen keine Angst mehr vor etwas haben müssen, wenn sie daran denken, daß Jesus sie niemals allein läßt. Ob das wohl stimmt?

Elfi kriecht tief unter ihre Decke, so daß sie nichts mehr hört. Einen kleinen Spalt läßt sie frei, damit sie etwas Licht hat und Luft bekommt. Dann schlägt sie die Kinderbibel auf und beginnt zu lesen.

Es ist die Geschichte von Simon Petrus und wie Jesus auf dem Wasser gehen konnte.

Die Geschichte ist spannend, und als Elfi liest, wie auch Simon es mit Jesu Hilfe schaffte, übers Wasser zu gehen, vergißt sie darüber ganz, daß sie alleine in der Wohnung ist.

»Ganz viel Vertrauen in Jesus mußte Simon gehabt haben, sonst wäre ihm der Weg über das Wasser nicht geglückt«, überlegt Elfi. »Und wenn Jesus dem Simon helfen konnte, dann kann er mir sicher auch helfen. Jesus ist doch für alle Menschen da – auch für die Kinder. Mama hat recht. Ich will keine Angst mehr haben. Eigentlich bin ich gar nicht alleine in der Wohnung. Jesus ist ja bei mir.«

Elfi streckt ihren Kopf mutig wieder unter der Decke hervor. Laut singt sie ein Lied, damit sie das dumme Knacken in der Wohnung nicht mehr hört.

Als die Eltern zurückkommen, ist Elfi schon sehr schläfrig geworden. Die Mutter setzt sich im Mantel auf die Bettkante und fragt leise: »Na, war's schlimm, daß wir dich alleine gelassen haben?« – »Nee«, murmelt Elfi im Halbschlaf. »Ich war ja nur am Anfang allein.« Mutters Blick fällt auf die Kinderbibel, die aufgeschlagen auf Elfis Nachtisch liegt. Sie nickt und streicht Elfi vorsichtig übers Haar. Dann steht sie auf und schließt leise die Kinderzimmertür hinter sich.

Sie weiß, daß Elfi heute abend etwas ganz Wichtiges gelernt hat.

Stichwort: Vertrauen in die unsichtbare Gegenwart Jesu
Beispiel: Matthäus 14, 22–33

Ehrlich sein ist schwerer

Es gab eine Zeit, da war Verena nicht beliebt bei ihren Klassenkameraden. Verena hatte nämlich gern geschwindelt. Immer, wenn es für sie unangenehm war, die Wahrheit zu sagen, log sie die anderen Kinder an. Eine Weile war das gutgegangen, und die Kinder haben die vielen Schwindeleien nicht bemerkt. Aber dann war Verena doch einmal bei einer Unwahrheit ertappt worden. Ein paar Tage später wieder und dann noch einmal. Die Kinder haben es sich untereinander erzählt. Niemand wollte mehr mit Verena spielen.

Verena wunderte sich darüber, daß sie meistens allein auf dem Schulhof herumstand, während die anderen in den Pausen Fangen spielten oder Steinchenhüpfen. Einmal war sie auf Susanne zugegangen und hatte gesagt: »Hei – laß mich mitspielen!« Aber Susanne hatte nur mit dem Kopf geschüttelt und geantwortet: »Geht nicht, wir sind schon genug.«

Verena war enttäuscht weitergeschlendert und hatte mißmutig auf ihrem Butterbrot herumgekaut. »Warum bloß keiner mit mir spielt?« hatte sie gedacht. »Blöd sind sie alle.«

Das ging eine ganze Zeitlang so. Bis Udo neu in ihre Klasse kam. Verena mochte Udo gleich gut leiden. Er war offen und sagte immer frei heraus, was er dachte. Man kam gut mit ihm aus. Das gefiel Verena und den anderen Kindern auch.

Als Udo herausgefunden hatte, daß Verena öfters schwindelte, hatte er sich einmal breitbeinig vor das

Mädchen hingestellt, die Hände in die Hosentaschen gesteckt und zu ihr gesagt: »Ich finde dich eigentlich ganz nett. Wenn du bloß nicht so oft lügen würdest. Ich kann Lügen nämlich nicht ausstehen, weißt du?«

Damit hatte er sich umgedreht und war rüber zu den anderen geschlendert.

Au weh, das hatte gesessen. Verena fühlte sich ungemütlich, und irgendwie schämte sie sich plötzlich. Lange dachte sie nach über das, was Udo zu ihr gesagt hatte. Und dann wollte sie nicht mehr lügen.

Schon nach ein paar Tagen hatte Verena gelernt, daß das Ehrlichsein manchmal nicht so leicht ist wie das Lügen, aber dafür ließen die Kinder sie nun wieder in den Pausen mitspielen. Und immer, wenn Verena wieder einmal schwindeln wollte, fielen ihr Udos Worte ein, und sie sagte doch lieber die Wahrheit.

Ja, und eben kommt Susanne in der Pause auf sie zugelaufen und ruft: »Hei, Verena, willst du mit uns Fangen spielen?« – Klar will sie!

Stichwort: Lüge
Beispiel: Epheser 4, 25

Wir probieren es gemeinsam

Verflixt, schon wieder ist ein Steinchen im Wasser versunken! Manuel stampft ärgerlich mit dem Fuß auf. Jetzt hat er schon so lange versucht, Steinchen übers Wasser hüpfen zu lassen, aber es will ihm einfach nicht gelingen. Gestern, als Onkel Toni ihm das vorgemacht hat, sah es so leicht aus. Sie hatten hier an derselben Stelle am See gestanden, und Onkel Toni hat ein Steinchen nach dem anderen aufgehoben und mit einer schnellen Armbewegung übers Wasser flitzen lassen. Manuel und sein Freund Thorsten haben staunend zugeschaut und Onkel Tonis Kunst heiß bewundert.

Einmal ist ein Steinchen sogar zehnmal in die Höhe gehopst, bis es schließlich im See versank. Manuel fand das toll und hatte sich fest vorgenommen, es am nächsten Tag selbst einmal zu versuchen.

Ja, und nun steht er hier, und kein Steinchen hat bisher auch nur einen einzigen Hüpfer auf dem Wasser getan. Manuel wird ungeduldig. Warum klappt es bloß nicht? Ich habe es doch genauso gemacht wie Onkel Toni. Trotzdem versinken alle Steinchen sofort im Wasser. Manuel will nicht aufgeben. Er bückt sich und will gerade einen neuen Stein aufheben, als seine Mutter nach ihm ruft. Sie hat ihn gesucht und kommt nun rasch zu ihm. »Manuel, du hättest doch schon längst zum Mittagessen zu Hause sein sollen. Was machst du denn hier überhaupt?«

»Ach, Mutti«, antwortet der Junge mißmutig und gibt den vielen Steinchen am Ufer einen Tritt, »ich wollte so gern einmal ausprobieren, ob ich Steine übers Wasser hüpfen lassen kann. So wie Onkel Toni gestern. Aber es klappt einfach nicht. Sie versinken immer sofort im See.«

Die Mutter legt ihren Arm um Manuels Schulter und tröstet ihn: »Weißt du was, wenn man ärgerlich und enttäuscht ist, gelingt einem meistens überhaupt nichts. Warte bis nach dem Essen. Dann komme ich mit, und wir probieren es gemeinsam, ja? Ich kann das nämlich ebensogut wie Onkel Toni.«

»Was?« schreit Manuel begeistert und reißt überrascht die Augen auf. »Du kannst das auch? Warum hast du das nie gesagt? – Au ja – wir beide gehen nachher noch einmal hierher und du zeigst es mir, o. k.?«

Die Mutter lacht. »O. k.«, sagt sie und läßt mit Schwung einen Stein übers Wasser flitzen, daß Manuel nur so staunt.

Als die beiden eine Stunde später wieder am See stehen, nimmt Mutter einen kleinen Stein in die Hand und zeigt ihn dem Jungen. »Schau mal – so flach muß er sein. Je flacher, desto besser.«

Manuel ist verblüfft. »Ach so – deshalb könnt ihr das so gut. Ich habe immer ganz gewöhnliche Steine genommen. Nicht so flache. Warte, jetzt versuche ich es auch noch einmal.«

Er sucht sich einen ganz besonders flachen Stein und zeigt ihn der Mutter. »Prima«, ermuntert sie ihn, »der ist genau richtig. So und jetzt bück dich ein bißchen, und laß ihn flach mit viel Schwung ins Wasser sausen.«

Manuel macht es genauso, wie seine Mutter ihm geraten hat. Und tatsächlich – der Stein tickt ein – zwei

– drei – viermal auf dem Wasser auf, bevor er versinkt.

Manuel springt in die Luft vor Freude. »Juchu!« jubelt er. »Jetzt kann ich's auch!«

Die Mutter lächelt. »Siehst du, wenn man die richtige Hilfe bekommt, dann schafft man auch Dinge, die einem vorher gar nicht recht gelingen wollten, nicht wahr?« – »Stimmt genau«, nickt Manuel befriedigt und läßt gleich noch einmal ein flaches Steinchen übers Wasser hüpfen. »Und morgen zeige ich dem Thorsten, wie man es macht. Der wird sich freuen!«

Stichwort: Hilfsbereitschaft
Beispiel: Johannes 13, 14. 15

Du schaffst es

Alexandra hat ihre Hausaufgaben beendet. Eigentlich müßte sie sehr zufrieden sein mit sich selbst, denn sie hat fleißig gelernt und der englische Text steht fehlerfrei in ihrem Heft. Auch Mathematik macht ihr keine Schwierigkeiten; wenn bloß das Gedicht für Deutsch nicht wäre! Nicht, daß sie es nicht gelernt hätte – nein, ganz im Gegenteil. Wort für Wort kann sie jede Zeile auswendig. Mutti hat Alexandra schon dreimal abgehört. Aber es ist immer dasselbe: zu Hause klappt alles wie am Schnürchen, doch sobald Alexandra in der Klasse vor der großen Tafel steht und alle Mitschüler sie anschauen, weiß sie einfach nichts mehr. Das war schon immer so. Mama hat ihr einmal erzählt, daß es bei ihr früher auch nicht anders gewesen sei. Das tröstet Alexandra ein wenig. Es gibt für sie nichts Schrecklicheres, als vor der Klasse zu stehen und ein Gedicht aufsagen zu müssen. Am liebsten möchte sie dann immer in einem riesigen Mauseloch verschwinden.

Irgendwie hat Alexandra es im Gefühl, daß gerade sie es morgen wieder mal sein wird, die das Gedicht vortragen muß. Wenn sie nur schon daran denkt, wird ihr unbehaglich zumute.

Mit einem tiefen Seufzer schlendert sie in die Küche zu Mutti.

»Hörst du mich nochmal ab?« bittet sie mit ganz kleiner Stimme. Die Mutter lacht und antwortet fröhlich: »Na hör mal – jetzt habe ich dich schon dreimal abgehört. Du kannst das Gedicht doch schon längst auswendig.«

»Ach«, brummt Alexandra. »Du weißt doch, jetzt kann ich's, und morgen stehe ich wieder da und weiß überhaupt nichts.«

Die Mutter wischt sich die Hände an einem Stückchen Küchenpapier ab und setzt sich auf einen Stuhl. »Komm, mal her, Kind«, sagt sie ruhig und zieht Alexandra zu sich heran. »Weißt du, mir ist es früher genauso gegangen wie dir. Das habe ich dir doch schon einmal erzählt. Ich habe auch immer gedacht, ich könnte kein Gedicht vortragen, wenn mich alle anstarren. Bis mal der Onkel Ferdi kam. Der hat damals zu mir gesagt: ›Du schaffst das. Du mußt bloß immer daran denken, daß du's schaffst. Du darfst überhaupt nicht daran denken, daß es schiefgehen könnte. Du stellst dir einfach vor, alle, die dich jetzt ansehen, sind nur Salatköpfe. Dumme, grüne Salatköpfe. Dann schaffst du's.‹ – Und weißt du was?« Die Mutter hebt Alexandras Kinn ein wenig in die Höhe. »Ich hab's geschafft! Und es war das gleiche Gedicht, das du jetzt auch lernen mußt: Herr von Ribbeck auf Ribbeck im Havelland. Es ist ein langes Gedicht, aber ich habe es geschafft, und nicht ein einziges Mal gestottert.

Ich denke, daß Gott mir damals im richtigen Moment den Onkel Ferdi geschickt hat, damit er mir Mut machen sollte. Siehst du, und genauso sicher bin ich heute, daß du Hilfe bekommst. Wenn du morgen das Gedicht aufsagen mußt, dann denk einfach ganz fest daran, was ich dir heute erzählt habe. Und denk an Gott. Der hilft auch dir, der läßt dich nicht im Stich. Du wirst sehen – du schaffst es.«

Alexandra spürt, wie sie auf einmal ruhig wird. Die Mutter hat recht. Ein Psalm fällt ihr ein, den sie in der Religionsstunde gelernt hat:

»Der Herr ist meines Lebens Kraft«

»So müssen diese Worte gemeint sein«, denkt Alexandra. Und dann sagt sie mit fester Stimme: »Dann schaffe ich's auch. Ja, ganz bestimmt schaffe ich's auch.«

Stichwort: Mut machen
Beispiel: Psalm 27, 1

Zeit für andere

Karin kommt mit Sabine und Ralf aus der Schule. Auf dem Heimweg prahlt Sabine: »Ich habe einen Onkel, der wohnt ganz weit weg in Stuttgart. Der hat soviel Geld, daß er jedes Jahr dreimal mit meiner Tante und meinen beiden Cousinen Urlaub machen kann. Und mein anderer Onkel ist Rechtsanwalt. Ihr glaubt gar nicht, wie bekannt er schon in seiner Stadt ist. Wenn er mal über die Straße geht, wird er gleich von ganz vielen Leuten gegrüßt. Manchmal weiß Onkel Bernd nicht einmal ihren Namen, so viele sind es, die ihn grüßen! – Und meine Cousine ist das schönste Mädchen im Urlaub gewesen. Sie hat sogar einen Preis bekommen, weil sie so schön ist. Ist das nicht super?«

Karin nickt beifällig und meint bewundernd: »Dann muß sie ja wirklich toll aussehen. Sie wird vielleicht mal richtig berühmt.«

Sabine lacht: »Ja, stellt euch bloß vor – so was Berühmtes wäre dann meine Cousine. Darauf könnte man schon stolz sein, nicht wahr?«

Wieder nickt Karin, und dann meint sie triumphierend: »Wißt ihr, ich habe eine Tante, die hat einen richtigen Hundesalon. Da kommen immer ganz viele reiche Leute hin. Die lassen dort ihre Hunde baden und kämmen. Meine Tante hat eine Menge Fräuleins in ihrem Geschäft, die ihr helfen. Selbst braucht sie nicht mehr viel zu tun, weil sie doch schon soviel Geld hat. Sie kann sich den ganzen Tag hinsetzen und zugucken, wie ihre Fräuleins die Hunde pflegen. Sie muß bloß immer aufpassen, daß sie alles richtig machen. – Ach, das möchte ich auch später mal!

Ja, und dann habe ich noch einen Onkel, der ist ein Millionär, sagt Mama. Der hat eine große Fabrik, wo ganz viele Leute für ihn arbeiten. Was meint ihr wohl, wie wenig Zeit meine Tante und Onkel haben. Wenn man auf so viele Leute aufpassen muß, hat man eine Menge zu tun. Schade, daß sie bloß nie zu uns zu Besuch kommen.«

Sabine nickt verständnisvoll. »Ja, das ist bei meinen Onkeln genauso. Sie haben auch nie Zeit zwischendurch. Bloß, wenn sie in Urlaub fahren. Und dann fahren sie so weit weg, daß wir uns eigentlich fast nie sehen. Aber toll finde ich es schon, solche Verwandte zu haben, du auch, Ralf?«

Der Junge hat noch gar nichts zu dem Gespräch gesagt. Aber jetzt schaut er Sabine an und bleibt stehen. Nachdenklich sagt er: »Du, bei mir ist das ganz anders. Ich habe bloß meinen Onkel Gerd. Der ist nicht reich, aber dafür wohnt er nur eine Straße weiter als wir. Und ich kann so oft mit ihm spielen wie ich möchte. Letzten Herbst hat er mit mir sogar einen Drachen gebaut, als Papa mal keine Zeit hatte. Und als Onkel Gerd am nächsten Nachmittag aus dem Büro kam, sind wir zu einem großen Kartoffelfeld gefahren und haben den Drachen steigen lassen. Das war toll!«

Ralf lacht fröhlich: »Ich mag ihn sehr! Und ich bin froh, daß Onkel Gerd nicht reich ist. Dann hätte er bestimmt nicht soviel Zeit für mich!«

Stichwort: Prahlen / Geltungsdrang / Reichtum / reich sein
Beispiel: Galater 5, 19–26 / Galater 6, 4. 5 / 1. Timotheus
6, 17–19

Das eitle Hühnchen

Ein kleines Hühnchen war sehr stolz und eitel. Es hielt den Kopf aufrecht nach oben und wollte immer als etwas Besonderes gelten. Die anderen Hühner im Stall machten sich schon lustig über das kleine eitle Hühnchen und verspotteten es. »He, du dummes eitles Ding! Pick lieber mit uns die Körnchen, die die Bäuerin uns bringt. Sonst wirst du eines Tages noch an deinem Stolz ersticken.« Doch das kleine eitle Hühnchen entgegnete nur schnippisch: »Ihr werdet schon sehen, daß ich noch etwas ganz Besonderes zum Picken finde. Solche gewöhnlichen Körnchen, die ein jeder pickt, mag ich nicht. Ich will etwas anderes. Darauf warte ich lieber.«

Es wurde Mittag, und das kleine stolze Hühnchen spürte, wie es immer mehr Hunger bekam. Nun wollte es aber vor den anderen nicht zugeben, daß es der Hunger quälte. Bestimmt würden sie dann noch mehr lachen. Also blieb wohl nichts anderes übrig, als sich auf den Weg zu machen und nach etwas Besonderem zu suchen. Denn das hatte das kleine stolze Hühnchen schon begriffen: von ganz allein würde das Besondere nicht kommen. Als es eine ganze Stunde lang umhergeirrt war, geriet es an einen hohen Berg. Zwischen den zerklüfteten Felsen hockte es sich hin und fühlte sich matt und elend. Traurig saß es da, und wer es dort entdeckt hätte, wäre niemals auf den Gedanken gekommen, daß es das hochnäsige und eitle Hühnchen aus dem Hühnerstall wäre.

Weil das kleine Hühnchen nun schon so schwach vor Hunger war, konnte es nur noch ein ganz kleines bißchen mit den Füßen zwischen den Steinen scharren.

Aber plötzlich – was war das? Da hatte doch etwas geblitzt! Oh – ein wunderbares, glänzendes Körnchen, das in allen Regenbogenfarben schimmerte! Das Hühnchen wurde ganz aufgeregt, scharrte eilig das blitzende Ding aus dem groben Sand und starrte es fassungslos an. »Das ist das Besondere, nach dem ich gesucht habe!« dachte es glücklich. Und rasch pickte es das glänzende Körnchen auf und wollte es hinunterschlucken. Doch – das spitze Ding ließ sich leider gar nicht verspeisen. Es war viel zu hart und kantig!

Enttäuscht spuckte es das Hühnchen wieder aus. »Ach«, dachte es plötzlich reumütig, »wenn es doch bloß ein richtiges Weizenkörnchen wäre – wie froh wäre ich!« Und ganz schnell, so schnell die kleinen müden Füße es zuließen, lief das kleine Hühnchen den ganzen Weg zurück, den es gekommen war. Wie war es froh, als es den Bauernhof von weitem erkannte!

Als es näherkam, trat gerade die Bauersfrau aus dem Haus mit einer Schüssel voll Weizenkörnern, die sie auf dem Boden verstreute. Das war ein Festmahl für unser Hühnchen! Es war nun gar nicht mehr eitel, denn es hatte erkannt, daß die täglichen Körnchen aus der Hand der Bauersfrau genau das waren, was ein kleines Hühnchen braucht. So pickte es mit den anderen Hühnern um die Wette, und niemand verspottete das kleine verirrte Hühnchen. Nur, wenn man ganz genau hinschaute, konnte man beobachten, wie sich die anderen Hühner manchmal zuzwinkerten . . .

Stichwort: Wahre Werte – Jeder bekommt von Gott, was er braucht
Beispiel: Lukas 12, 27–31/1. Timotheus 6, 7–10

Ungerecht behandelt

Ein paar Jungen hüpfen den Bürgersteig entlang. Sie kicken sich gegenseitig einen Fußball zu. Als sie an dem Kleinen vorbeikommen, der da auf einem Mäuerchen sitzt und mit seinem neuen Rennauto spielt, machen sie einen Bogen um ihn. Der Ball fliegt hin und her.

Der kleine Junge auf der Mauer nimmt sein Auto in die Hand und schaut den großen Jungen zu.

Als der Ball in die Schaufensterscheibe fliegt, sind alle erschrocken.

In Windeseile sind die Großen verschwunden. Den Ball haben sie sich nicht wiedergeholt. Keiner will sich die Schelte des Geschäftsinhabers anhören. Nur der Junge, der auf dem Mäuerchen sitzt, ist noch immer da.

Der Mann, der jetzt aus dem Laden tritt, sieht ziemlich ärgerlich aus. Er geht auf den kleinen Jungen zu, nimmt ihn hart am Arm und zieht ihn von dem Mäuerchen herunter. Er schimpft laut mit ihm.

Der Kleine versucht ihm zu erklären, daß er den Ball nicht in die Scheibe getreten hat, aber davon will der Mann nichts wissen. Er hört ihm gar nicht richtig zu und – schwupp – bezieht der Kleine eine saftige Ohrfeige. Dann fragt der Mann nach seiner Adresse. Immer wieder versucht der Junge zu erklären, daß er die ganze Zeit nur hier mit seinem Auto gespielt hat.

Das Kind weint, weil ihm der Mann nicht glaubt und weil ihm der Arm weh tut.

Da beugt sich eine alte Frau aus dem Fenster gegen-über und ruft: »Hallo! Ich habe alles genau beobachtet!

Der Kleine hat gar nichts damit zu tun. Das waren andere Kinder. Die sind inzwischen längst über alle Berge!«

Da brummt der Mann leise etwas vor sich hin, läßt den Kleinen los und geht rasch in den Laden zurück, ohne sich noch einmal umzusehen.

Der Kleine reibt sich mit schmerzverzerrtem Gesicht den Arm und starrt dem Mann hilflos nach. Dann stampft er heftig mit dem Fuß auf den Boden und wischt sich mit dem Jackenärmel übers Gesicht.

Aber das kann der Mann nicht mehr sehen.

Stichwort: Ungerechtigkeit/Um Verzeihung bitten
Beispiel: Epheser 4, 26. 27

Das friedfertige Schaf

Ein Schaf war geduldig und immer friedfertig. Deshalb mußte es von allen Tieren viel erleiden. Da ging es eines Tages zu Gott und bat ihn, sein Leben leichter zu machen.

Gott verstand das Schaf und wollte ihm helfen. Er sprach: »Ich sehe, daß ich dich nicht so erschaffen habe, wie du es dir wünschst. Du kannst dich den anderen Tieren gegenüber nicht wehren, weil du stets geduldig bist und keinen Zank erträgst. Nun wähle du selbst, wie ich dies ändern soll. Soll ich dir schreckliche scharfe Zähne schenken und dir spitze Krallen geben für deine Füße?«

»Oh nein«, wehrte das Schaf ab, »ich will mit grausamen Tieren, die andere verletzen, nichts gemeinsam haben.«

»Oder«, fuhr Gott fort, »soll ich dir eine giftige Zunge geben, damit du dich gegen die anderen Tiere wehren kannst?«

»Ach nein«, sagte das Schaf, »die giftigen Schlangen zum Beispiel werden von allen Tieren gehaßt. Alle haben Angst vor ihnen. Ich will nicht, daß ein anderes Tier Angst vor mir hat.«

»Nun«, sprach Gott, »was soll ich denn dann für dich tun? Soll ich dir Hörner geben und viel Stärke, damit du kämpfen und deinen Platz unter den anderen behaupten kannst?«

»Auch das nicht«, bat das Schaf, »ich könnte sonst damit anderen weh tun.«

Gott blickte das Schaf gütig an und sprach: »Du müßtest den anderen schaden können, damit sie sich davor hüten, dir etwas anzutun.«

»Müßte ich das?« seufzte das Schaf. »Dann laß mich, mein Vater, wie ich bin. Denn wenn ich die Möglichkeit hätte, anderen zu schaden, werde ich vielleicht Lust bekommen, ihnen meine Macht auch zu zeigen. Es ist besser, selbst Unrecht zu erleiden, als Unrecht zu tun.«

Gott segnete das friedfertige Schaf, und es vergaß von dem Moment an, sich über sein Leben zu beklagen.

Stichwort: Anders sein wollen, als man ist
Beispiel: 1. Korinther 7, 24

Klein-Katharina

Die Mutter ist mit Katharina zum Kaffee bei Tante Doris eingeladen. Tante Doris hat auch ein kleines Mädchen. Es heißt Verena und ist genau wie Katharina zwei Jahre alt.

Während die beiden Frauen im Wohnzimmer Kaffee trinken, spielen die Kleinen im Kinderzimmer. Sie sind über die schmale Holztreppe auf das doppelstöckige Bett hinaufgeklettert und hopsen ausgelassen auf der Matratze herum. Mama und Tante Doris sehen das nicht, weil sie sich drüben unterhalten.

Erst, als man einen dumpfen Fall hört und gleich darauf lautes Geschrei, springen die Frauen erschrocken auf und laufen schnell hinüber ins Kinderzimmer. Oh weh! – Da liegt Klein-Katharina auf dem Fußboden vor dem hohen Bett, blutet aus der Nase, ein wenig auch aus dem Mund und schreit wie am Spieß.

Rasch hebt die Mutter Katharinchen hoch und betrachtet ihr Gesichtchen genau. Auch Tante Doris ist aufgeregt, und beide versuchen, die Kleine zu trösten. Sie muß von dem hohen Bett hinunter genau auf das Gesicht gestürzt sein. Die Oberlippe ist in der kurzen Zeit schon dick angeschwollen, und auch die Nase hat sich etwas verschoben und ist dicker als sonst. Auf der Stirn und am Kinn rötet sich die Haut, aber dort blutet es nicht.

Mutter greift nach Katharinas Anorak, hängt ihn der Kleinen über und läuft mit ihr die Treppe hinunter zum Auto. Sie will zum Krankenhaus fahren, damit das

Kind dort untersucht werden kann. Das kleine Mädchen weint immer noch vor Schmerz und Schreck, und Mutter ist froh, als die Fahrt zu Ende ist.

Ein netter Arzt untersucht die kleine weinende Katharina. Sie wird auf ein hartes Bett gelegt, damit eine Röntgenaufnahme von ihrem Kopf gemacht werden kann. Das ist sehr wichtig, denn nur so kann der Doktor sehen, ob die Knochen im Kopf heil geblieben sind. Anschließend säubert er das kleine Gesicht mit Watte. Auch die Oberlippe wird abgetupft und vorsichtig etwas Salbe aufgetragen.

Als das kleine Mädchen versorgt ist, schließt es erschöpft in Mutters Armen die Augen.

Zu Hause bettet Mutter die schlafende Katharina vorsichtig auf die Wohnzimmercouch. Und dann spricht Mutter ein Gebet. Sie betet von ganzem Herzen darum, daß Katharina rasch wieder gesund wird und keine Schmerzen mehr hat. Die Mutter weiß, daß nur Gott ihrem Kind jetzt helfen kann.

Gott hat ihr Gebet erhört.

Am nächsten Morgen springt Katharina genauso munter in der Küche umher wie sonst. Nur die geröteten Stellen im Gesicht und das etwas verschobene Näschen erinnern noch an den bösen Sturz. Aber auch davon wird bald nichts mehr zu sehen sein.

Als Mutter die Kleine fragt, ob ihr Köpfchen noch weh tut, versichert Katharina mit großen Augen: »Nur wenn du da dauf dückst, aber du dückst ja nicht dauf!«

Stichwort: Gebetserhörung
Beispiel: Hebräer 11, 1

Die zerbrochene Vase

Annette wirft ihren roten Ball hoch in die Luft und fängt ihn dann geschickt wieder auf. Annette muß den Ball geschickt wieder auffangen, denn wenn sie's nicht tut, kann leicht etwas Kostbares entzweigehen. Warum? Ganz einfach – Annette spielt nämlich mit dem Ball im Wohnzimmer. Das darf sie eigentlich gar nicht. Die Mutter hatte es ihr schon ein paarmal sehr nachdrücklich verboten, aber das Mädchen denkt: »Ach, wenn ich ganz vorsichtig bin und den Ball immer schön wieder auffange, dann kann ja gar nichts passieren. Und außerdem – Mutti sieht es ja nicht. Sie ist drüben bei der Nachbarin.«

Und hui – schon fliegt der Ball wieder in die Höhe. Aber leider hat Annette diesmal schlecht gezielt. Der Ball fliegt schräg in die Luft und kommt an einer ganz anderen Stelle wieder herunter, als Annette sich das gedacht hat. Nämlich genau über dem Wohnzimmertisch. Und da steht Mamas gute Vase mit den gelben Teerosen, die Tante Sara ihr gestern mitgebracht hat.

Annette erkennt die Gefahr, springt hinzu und reckt weit die Arme nach vorn, um den Ball noch abzufangen. Doch – klirrrrr! – schon liegt die Vase zersprungen auf dem Tisch, das Blumenwasser tropft auf den Teppich, und die Röschen schwimmen traurig zwischen den Scherben in der großen Pfütze, die sich auf dem Tisch gebildet hat . . .

Oh! Erschreckt schlägt Annette die Hände vors Gesicht. Was soll sie jetzt bloß tun? – Rasch rennt sie ins Badezimmer und will ein Handtuch holen, doch in diesem Augenblick wird die Haustür aufgeschlossen. Die Mutter erblickt gleich von der Diele aus die Bescherung im Wohnzimmer, und was dann folgt, kann sich jedes Kind leicht ausdenken. Sie schimpft natürlich mit Annette, und sie hat ja auch recht. Oft genug hatte sie ihr verboten, im Wohnzimmer mit dem Ball zu spielen!

Das Mädchen steht wie ein begossener Pudel vor der Mutter und muß das Donnerwetter über sich ergehen lassen. Annette weiß genau, daß dumme Ausreden nichts nützen. Den ganzen Tag ist die Stimmung gedrückt, denn Annette spürt, daß die Mutter nicht nur ärgerlich, sondern auch traurig ist. Die Vase besaß sie nämlich schon lange. Papa hatte sie ihr einmal ganz früher geschenkt, als die Eltern noch nicht verheiratet gewesen waren.

Am Abend, als Annette schlafen geht, umarmt sie die Mutter ganz fest und sagt leise: »Es tut mir leid, Mama. Ich werde bestimmt nicht mehr in der Wohnung mit dem Ball spielen. Bist du mir noch sehr böse?«

Da drückt die Mutter sie an sich und antwortet ernst: »Nein, böse bin ich nicht mehr. Nur ein wenig traurig, weil gerade diese Vase mir etwas bedeutet hatte.«

Annette nickt unglücklich. »Deshalb tut es mir jetzt auch besonders leid.« Sie meint es ehrlich.

Da lächelt die Mutter, gibt ihr einen Gute-Nacht-Kuß, und Annette weiß, daß nun alles wieder gut ist.

Stichwort: Vergeben
Beispiel: Lukas 6, 36–39/1. Johannes 1, 8–10

Die hochmütige Hummel

Da war einmal eine dicke, pelzige Hummel. Die flog jeden Tag an einem großen weißen Haus vorbei und schaute im Fliegen in die Zimmer hinein. Sie war sehr hochmütig und wollte kräftig angeben mit ihrem eleganten Flug. Immer, wenn sie an dem Kinderzimmerfenster der kleinen Sandra vorbeikam, summte und brummte sie besonders laut, damit das Kind sie auch wirklich sah. Die dicke Hummel mußte bewundert werden, denn sonst ging es ihr gar nicht so gut. Deshalb setzte sie sich diesmal genau vor dem Kinderzimmer auf das Fensterbrett und summte so laut, daß Sandra nach einer Weile das Fenster einen Spalt öffnete. Sandra war nämlich ein wenig neugierig und wollte die Hummel ganz aus der Nähe betrachten.

Ja, und nun hörte sie sogar, wie die dicke, pelzige Hummel zu ihr sprach: »Du«, brummte es von der Fensterbank, »du kleines Mädchen bisssssst aber ein arrrrrrmes Geschöpf. Du kannsssssssssssst gar nicht sssssssssso schön hoch fliegen wie ich. Du mußßßßßßßßßt immer mit deinen Füßen auf der Erde laufen und du brauchssssssst immer viel länger alssssssssss ich, wenn du ein Ziel erreichen willssssssssst.« Das kleine Mädchen beugte sich ein wenig weiter vor, damit es das kleine Tierchen besser verstehen konnte. Die Hummel summte: »Ssssssssieh mich dagegen an – bin ich nicht ein ganz bessssssssssssssonderes Geschöpf? Willst du mich mal fliegen ssssssssssehen?« Und – ssssssssssss – hob sich die dicke Hummel ganz steil in die Höhe, machte einen tollen Flug abwärts, aber da verlor sie auf einmal ein wenig die

Richtung und taumelte versehentlich ins Kinderzimmer hinein. Sandra hatte aber ihren Platz am Fenster schon längst verlassen. Sie hatte »Dumme Hummel!« gemurmelt und war dann in die Küche gegangen, weil sie das angeberische Gehabe der dicken Hummel gar nicht mochte.

Und als nun die Hummel aus Versehen ins Zimmer hineinsurrte, wurde sie dabei von niemandem bemerkt. Erschöpft blieb sie auf dem Fußboden liegen. Sie lag ganz lange dort, weil Sandra inzwischen mit ihrer Mutter zum Einkaufen gegangen war. Die dicke, hochmütige Hummel wurde immer schwächer und schwächer. Sie hatte auch ganz die Orientierung verloren und fand den Fensterspalt nicht wieder, durch den sie hineingeflogen war. Ach, müde wurde sie, und so schrecklich hungrig und durstig! Kam denn keiner, um ihr zu helfen? Die Stunden vergingen, doch Sandra kam nicht zurück. Hilflos blieb das Tierchen am Boden liegen und atmete nur noch ganz schwach.

Da – endlich, als sie gar nicht mehr an Hilfe glaubte, öffnete sich die Tür, und das kleine Mädchen trat ein. Es suchte ein Puppenkleidchen. Deshalb schaute es in jedem Winkel seines Zimmerchens danach.

»Hilfe!« flehte die dicke Hummel. Aber das Gebrumm war nur noch ganz leise. Und wenn Sandra nicht so gute Ohren hätte, dann hätte sie es sicher gar nicht gehört. So aber drehte sie sich um und erblickte die dicke Hummel, die nun gar nicht mehr hochmütig war. Und weil Sandra eine große Tierfreundin war, wußte sie gleich, was der Hummel fehlte.

Rasch lief sie in die Küche und holte ein Teelöffelchen, das sie ein wenig in den guten Honig tauchte.

Anschließend hielt sie das Löffelchen unter den Wasserhahn und ließ vorsichtig ein Tröpfchen frisches Wasser hineinfallen. Im Kinderzimmer öffnete Sandra das Fenster ganz weit und legte den kleinen Löffel auf die Fensterbank. Sie griff nach einem Stückchen Pappe, das noch vom letzten Basteln auf ihrem Tisch lag, und schob es vorsichtig unter das Tier, damit sie es zur Fensterbank tragen konnte. Dort legte sie ihm den Löffel mit dem Honig direkt vor den kleinen Rüssel und wartete, was geschehen würde.

Ganz genau konnte Sandra nun beobachten, wie die Hummel trank. Zuerst ging alles ganz langsam, weil der kleine Unglücksrabe noch so schwach war, aber als sie sich ein wenig gestärkt hatte, fuhr der winzige Rüssel immer wieder eifrig in den Honig. Es dauerte lange, bis die Hummel satt war, aber plötzlich bewegte sie vorsichtig die zarten Flügel, lief auf ihren sechs Beinchen ein Stückchen auf der Pappe hin und her und versuchte fortzufliegen. Es gelang noch nicht. Zuerst mußte sich das Tierchen noch den glänzenden Pelz säubern. Erst, als das Fell wieder sauber und ohne Staub war, machte es einen neuen Versuch. Und siehe da – es klappte großartig!

Sandra beugte sich zum Fenster hinaus, als die dicke Hummel gestärkt in die Luft stieg. Das Kind freute sich, daß es dem Tierchen helfen konnte. Und als die Hummel ganz dicht an Sandras Nase vorbeibrummte, summte sie ihr zu: »Danke, du hast mir sssssssehr geholfen!« Kurz darauf war sie in einem weiten Bogen über den Büschen verschwunden.

Stichwort: Hochmut
Beispiel: Daniel 5

Drei Mark für die Hilfe

Udo hat einen Besen in der Hand und kehrt den Küchenfußboden. Er ist stolz auf sich. »Prima«, denkt Udo, »wenn Mutti gleich aus der Stadt kommt, wird sie sich sicher freuen. Ich habe ihr eine Menge Arbeit abgenommen. Schließlich will ich auch noch die Kartoffeln schälen fürs Mittagessen. Mutti hat dann viel Zeit gespart und ich – ich kann mir dabei Geld verdienen. Klar, daß soviel Arbeit Geld kostet. Ich werde Mutti bitten, daß sie mir für meine Hilfe 3 DM gibt.«

Eifrig fegt Udo die Krümelchen vom Frühstück alle auf eine Stelle, um sie anschließend mit Kehrschaufel und Handfeger in den Mülleimer zu befördern. Anschließend besieht er sich sein Werk und murmelt zufrieden: »So, das wäre geschafft.« Er trägt Besen, Handfeger und Kehrschaufel zurück in die kleine Kammer und holt sich den Eimer mit den Kartoffeln.

Da sitzt er nun am Küchentisch und schält eine Kartoffel nach der anderen und denkt an die 3 DM, die er für seine Arbeit verlangen wird. Kaugummi will er sich dafür kaufen und Lakritze. Hhhhhmmm!

Plums! Die letzte Kartoffel fällt in den Topf mit Wasser, den Udo vor sich auf dem Tisch stehen hat. Nun ist er fertig. Sorgfältig räumt er das Papier mit den Kartoffelschalen weg, wäscht die Kartoffeln und stellt den Topf auf den Herd.

Ja, jetzt könnte Mutti kommen.

Udo nimmt sich ein Buch und schlendert in sein Zimmer hinüber. Kurz darauf kommt die Mutter zurück. »Hallo!« ruft sie fröhlich. »Da bin ich wieder!«

Udo springt auf, hängt Mutters Mantel achtlos an die Garderobe und zieht sie in die Küche. »Schau mal! Ich habe die Küche ausgefegt und auch Kartoffeln geschält. Prima, nicht wahr? Ich dachte, dafür habe ich 3 DM verdient. Gibst du sie mir?« Erwartungsvoll hält Udo der Mutter seine geöffnete Hand hin.

Seltsam, zuerst hatte Mutti gestrahlt, und man sah ihr an, daß sie sich sehr freute. Aber jetzt – jetzt sieht sie plötzlich irgendwie traurig aus.

Unsicher blickt Udo die Mutter von der Seite an. Warum sagt sie nichts? Der Junge fühlt sich unbehaglich. Er runzelt die Stirn und läßt seine Hand sinken.

Auf einmal weiß er, daß er etwas gutzumachen hat. Er gibt sich einen Ruck und sagt entschlossen: »Ach nee, laß mal, Hauptsache, du freust dich.«

Stichwort: Eigennutz/Selbstgefälligkeit/Opfer
Beispiel: Johannes 2, 23–25/1. Korinther 5, 6/2. Korinther 9, 1–7

Im Spielzeugladen

Thomas steht in einem Spielzeugladen. Um ihn herum sind lauter herrliche bunte Dinge in den Regalen aufgebaut. Thomas schaut sich mit großen Augen um. Da sind Bauklötze, Puppen, weiche Stofftiere und viele Autos – große und kleine.

Thomas tritt näher an das Regal mit den Autos. Mal sehen, ob der Porsche 911 SC dabei ist. Den besitzt nämlich sein Freund Ralf. Thomas wollte schon einmal dieses gegen eines von seinen eigenen Autos tauschen. Aber Ralf wollte nicht so recht.

Der kleine Junge beugt sich zu den Autos hinunter. Da hat er ihn entdeckt! Knallrot leuchtet ihm der schnittige kleine Wagen entgegen. Toll! Ob man den wohl mal anfassen darf? Thomas richtet sich wieder auf und sieht sich unsicher im Geschäft um. Beide Verkäuferinnen sind gerade etwas weiter hinten mit anderen Kunden beschäftigt.

Da fährt Thomas ein schlimmer Gedanke durch den Kopf: Was wäre, wenn ich das kleine Auto einfach so mitnehmen würde? Es paßt gut in meine Hosentasche. Wenn ich es geschickt anstelle, wird keiner etwas bemerken . . .

Er vergewissert sich noch einmal, daß niemand zu ihm hinschaut und streckt dann langsam die Hand nach dem knallroten Porsche aus.

Auf einmal hat er das Gefühl, als wenn ihm jemand zuschauen würde.

Rasch zieht er seine Hand zurück und dreht sich

erschrocken um. Aber da ist niemand. Bloß ein großer brauner Teddybär sitzt auf dem Regal schräg hinter ihm. Thomas will schon wieder wegsehen, da spürt er, daß es genau dieser Teddy ist, der ihn beobachtet. Ja, der Bär sieht Thomas ganz finster an und schüttelt sogar ein bißchen den dicken Kopf. Thomas wird ganz mulmig zumute. Jetzt hört er sogar eine leise und eindringliche Stimme: »Laß das sein – es ist nichts Rechtes, was du da vorhast, Thomas!«

Wieder schüttelt der große braune Bär ein wenig den Kopf.

Thomas bekommt richtige Angst.

Nein, denkt er, ich glaube, ich sollte das Auto lieber nicht nehmen. Er wirft noch einen Blick auf den knallroten Porsche, dann dreht er sich um und will den Laden verlassen.

Als er an dem großen braunen Bär vorbeigeht, ist ihm so, als wenn ihm dieser nun freundlich zuzwinkern würde . . .

Stichwort: Gewissen/Stehlen
Beispiel: Epheser 4, 23/Römer 7, 17–25/2. Mose 20, 15

Ein bunter Wiesenstrauß

Heute hat Utes Mutti ihren 40. Geburtstag. Ute steht deshalb schon ganz früh auf. Sie weiß eine Stelle, wo viele bunte Blumen wachsen. Davon will sie der Mutter welche pflücken. Bestimmt wird sie sich darüber freuen!

Ute zieht sich rasch an und schleicht leise zur Kinderzimmertür hinaus. Vorsichtig tappt sie die Treppenstufen hinunter. Die Mutter darf nicht aufwachen, sonst wäre das schöne Geburtstagsgeschenk keine Überraschung mehr. Ute öffnet die schwere Haustür, schiebt eine Fußmatte in die Öffnung, damit die Tür nicht zufallen kann und schlüpft hinaus. Sie rennt um das Nachbarhaus herum zur »Wilden Wiese«. Später soll dort einmal ein neues großes Haus gebaut werden. Aber noch ist es nicht soweit. Jetzt stehen noch Gras und viele bunte Blumen dort. Niemand kümmert sich um das Stückchen Erde, aber Ute liebt das bunte Durcheinander, das dort wächst und längst hat sie ihr in Gedanken den Namen »Wilde Wiese« gegeben.

Ute bückt sich und beginnt, einen wunderschönen Blumenstrauß zusammenzustellen. Von allen Sorten will sie Blumen pflücken, damit er recht schön bunt wird. Nasse Füße bekommt sie bei ihrem Unternehmen, denn die Wiese ist noch feucht vom Morgentau.

Als Ute fertig ist, betrachtet sie den großen bunten Strauß kritisch. »Fein«, denkt sie zufrieden, »genauso wird er Mutti gefallen!«

Freudig läuft sie zurück nach Hause, macht leise die Eingangstür auf, legt die Fußmatte zurück auf ihren Platz und huscht die Treppen zu ihrer Wohnung hinauf.

Als Mutti wach wird und den bunten Wiesenstrauß auf ihrem Nachttisch in einer hübschen Vase sieht, freut sie sich sehr und schließt Ute fest in die Arme. »Das war sehr lieb, daß du dir eine solche Mühe für mich gemacht hast. Der Strauß ist wunderschön!« Glücklich kuschelt sich Ute noch ein wenig zu Mutti ins Bett.

Irgendwann klingelt es an diesem Mittag. Ein Bote steht vor der Tür und gibt einen riesigen Blumenstrauß ab mit ganz vielen Rosen und großen weißen Tulpen. Die ganze Pracht ist in durchsichtige Folie eingepackt und mit silbernen Schleifchen geschmückt. Die Blumen sind von Mamas Chef und waren bestimmt schrecklich teuer.

Die Mutter stellt sie in eine kostbare Glasvase.

Wenig später kommt Tante Karin zu Besuch. Gleich beim Eintritt ins Wohnzimmer schlägt sie die Hände zusammen und ruft begeistert: »Nein, was für ein wunderschöner Blumenstrauß! Ich wüßte zu gern, wieviel Geld diese prächtigen Blumen gekostet haben!«

Sie meint den Strauß mit den Rosen und den großen weißen Tulpen.

Utes Blumen bemerkt sie nicht einmal. Ute spürt für einen Moment einen dicken Kloß im Hals. Doch da hört sie, wie Mama fröhlich antwortet: »Du wirst es nicht glauben, Karin, aber der schöne bunte Wiesenstrauß, den Ute mir heute in aller Frühe selbst gepflückt hat, gefällt mir tausendmal besser!«

Ute spürt, daß sie jetzt ganz dringend die Mutti einmal fest drücken muß, und das tut sie auch! So fest, daß das Geburtstagskind kaum noch Luft bekommt!

Stichwort: Opfer/Dankbarkeit/Großes und Kleines
Beispiel: Lukas 21, 1–4

Kleine Babys haben es gut

Kerstin schaut zu, wie die Mutter die kleine Susanne wickelt. Das Schwesterchen ist zwei Monate alt und noch ganz klein. Wie zärtlich die Mutti mit ihr umgeht. Kerstin seufzt. Sie wäre auch so gerne noch ein Baby, und am liebsten würde sie sogar an Susannes Stelle da oben auf der Wickelkommode liegen. Dann würde Mutti sie nach dem Saubermachen auch so schön warm im Arm tragen und ein bißchen hin- und herschaukeln.

Kerstin denkt: »Kleine Babys haben es gut. Sie müssen noch keine Schularbeiten machen, müssen noch nicht für den Flötenunterricht üben – sie brauchen einfach nur den ganzen Tag zu schlafen und zwischendurch mal etwas zu essen. Und nicht einmal das müssen sie allein tun, denn Mama hält das Fläschchen und füttert das Baby.«

Noch einmal seufzt Kerstin tief und beobachtet, wie die Mutter das Höschen wieder über Susannes kleinen Popo zieht. Unentwegt spricht sie dabei mit der Kleinen und erzählt ihr etwas.

Eigentlich ist Kerstin ein bißchen böse auf die kleine Schwester. Denn immer, wenn sie gewickelt wird oder ihr Fläschchen bekommt, hat Mama für Kerstin keine Zeit mehr. Manchmal spielt Mama mit Kerstin, wenn Susanne schläft. Aber kaum schreit die Kleine, läuft Mama einfach weg und kümmert sich um das Baby. Sie läßt dann alles stehen und liegen, bloß, damit Susanne nicht mehr weint.

Das findet Kerstin gar nicht nett.

Sie betrachtet die kleine Schwester unfreundlich und denkt bei sich: »Wenn du nicht wärst, dann würde uns niemand beim Spielen stören. Und überhaupt – ich glaube, Mama hat dich viel lieber als mich.«

Am nächsten Tag sitzt Kerstin mit der Mutter zusammen am Küchentisch und klebt aus vielen getrockneten bunten Blättern ein lustiges Herbstbild. Susanne schläft.

Nach einer Weile hören die beiden sie schreien. Und noch bevor die Mutter aufsteht, ruft Kerstin böse: »So, jetzt läufst du bestimmt gleich wieder zu Susanne und läßt mich hier allein. Susanne ist doof! Es wäre viel schöner, wenn sie gar nicht da wäre!«

Au weh – erschrocken über ihre eigenen Worte schlägt sie sich mit der Hand auf den Mund und schielt unsicher zur Mutter. Doch die Mutter ist nicht böse. Leise sagt sie: »Ich kann dich verstehen, Kerstin, daß du dich durch Susannchen gestört fühlst. Ich würde jetzt auch lieber zuerst dieses hübsche Bild hier fertigmachen. Aber das kann Susanne noch nicht begreifen. Sie hat jetzt Hunger, und da ist ihr unser schönes Bild ganz gleichgültig. Denk mal an letzten Samstag, als du mit Papa im Schwimmbad warst. Als du zurückkamst, hattest du einen solchen Hunger, daß dir richtig übel war. Du hast dir schon vor dem Essen einen dicken Apfel genommen, weil es dir bis zum Mittagessen zu lange dauerte. Susanne kann das nicht. Sie braucht uns, wenn sie Hunger hat oder wenn sie frisch gewickelt werden muß.« Dann legt sie ihren Arm um Kerstins Schulter und zieht sie an sich. »Komm, meine Große, hilf mir rasch, dann können wir bald weiterbasteln, ja?

Kerstin nickt und steht auf. »Mama«, fragt sie

nachdenklich. »Glaubst du, daß es so kleinen Babys schon richtig schlecht werden kann vor Hunger, so wie mir am Samstag? Das wäre nämlich scheußlich für Susanne!«

Stichwort: Liebe/Neid/Egoismus
Beispiel: Römer 13, 8. 9

Eine Bananenschale

Evi und Sandra schlendern über den Bürgersteig. Sie haben sich eine Menge zu erzählen. Evi hält eine große gelbe Banane in der Hand, und während die beiden Mädchen lachen und plaudern, beißt sie ab und zu herzhaft hinein. Als sie den letzten Bissen mit den Lippen aus der Schale genommen hat, wirft sie diese mit einem kräftigen Schwung über ihre Schulter.

Auf dem gepflasterten Gehweg hinter ihr bleibt die Schale liegen.

Die beiden Mädchen haben sich keine Gedanken darüber gemacht und wundern sich nun, als eine tiefe Stimme streng tadelt: »Hallo, ihr Mädchen, wollt ihr wohl die Bananenschale wieder aufheben? Oder soll vielleicht jemand darauf ausrutschen und sich ein Bein brechen?«

Evi und Sandra bleiben stehen und drehen sich um. Ein älterer Herr steht neben der Bananenschale und zeigt mit seinem Stock darauf.

Die Mädchen stoßen sich an, kichern albern und gehen weiter.

Als Evi sich noch einmal umschaut, bemerkt sie, daß der Mann sich bückt, die Schale selbst aufhebt und sie kopfschüttelnd in einen Papierkorb wirft. Evi zuckt gleichgültig mit den Schultern und sagt schnippisch: »Pah – der soll uns doch in Ruhe lassen!«

Einen Tag später begleitet Sandra nach der Schule ihre Freundin Evi nach Hause. Sie gibt ihr einen Zettel und sagt: »Lies das mal, Evi, und du lachst dich kaputt!« Evi greift nach dem Papier und beginnt zu lesen. Plötzlich – sie weiß gar nicht, wie ihr geschieht – rutscht ihr Fuß weg, und sie landet im Nu unsanft auf dem Hosenboden!

Während Evi vor Schmerz aufschreit, ist Sandra erschrocken und fragt besorgt: »Was machst du denn für Sachen? Hast du dir wehgetan? Komm, ich helfe dir hoch.«

Beim Aufstehen beißt sich Evi auf die Lippen. Au! Wie der rechte Fuß schmerzt! »So was Dummes!« knurrt sie mit zusammengepreßten Zähnen. Sie stützt sich auf die Schulter der Freundin und dreht sich ärgerlich um.

Auf dem Pflaster liegt eine glitschige, breitgetretene Bananenschale . . .

Stichwort: Rücksichtnahme
Beispiel: Johannes 13, 34

Versprochen ist versprochen

Thomas schaut die Straße hinunter. Er wartet auf Onkel Alfred. Thomas mag ihn sehr. Onkel Alfred ist immer lustig und weiß tolle Kunststücke. Und schwimmen kann er wie ein Fisch.

Thomas bewundert seinen Onkel und freut sich, weil der ihn heute mitnehmen will ins Hallenbad. Onkel Alfred trainiert dort mit seinem Schwimmverein, und Thomas darf mitmachen.

Der Junge kann es kaum erwarten, bis Onkel Alfred endlich kommt. Warum dauert es bloß so lange? Um 15 Uhr fängt das Training an, und jetzt ist schon 14.30 Uhr. Wo der Onkel nur bleibt?

Ungeduldig klopft Thomas mit dem Zeigefinger immer wieder gegen die Fensterscheibe. »Er hat doch so fest versprochen, daß er mich heute mitnimmt«, überlegt der Junge. Plötzlich hört er auf zu klopfen und runzelt die Stirn. Ob Onkel Alfred es etwa vergessen hat? – Nein, das kann nicht sein. Er hat immer alle Versprechen eingehalten. Onkel Alfred sagt immer: »Was man versprochen hat, muß man auch halten.«

Thomas schaut auf seine Armbanduhr. In fünf Minuten beginnt das Training! Es ist zum Heulen – Onkel Alfred ist immer noch nicht da. Bestimmt hat er sein Versprechen diesmal vergessen ... Thomas ist enttäuscht. Da kommt ihm ein Gedanke. »Ich werde allein zum Hallenbad gehen und dort nach Onkel Alfred fragen«, beschließt er. In der Diele greift er nach seinem Anorak und zieht ihn über. »Jawohl, das ist eine gute Idee. Und dann werde ich ihm sagen, daß er mich einfach vergessen hat.« Entschlossen öffnet der Junge die Wohnungstür. Die Mutter ist bei der Nachbarin und glaubt sowieso, er sei längst mit Onkel Alfred im Hallenbad. Sie wird ihn nicht vermissen.

Thomas nimmt immer gleich drei Stufen auf einmal, als er die Treppe hinunterstürmt. Er reißt die Haustür auf und läuft – genau in Onkel Alfreds Arme!

»Hey – ich d-dachte, du hättest . . . «, stottert Thomas verblüfft. »Dich vergessen?« lacht Onkel Alfred vergnügt. »Du dachtest, ich hätte dich vergessen? Nein – ganz bestimmt nicht! Ich habe zu Hause bloß noch in letzter Minute ein wichtiges Telefongespräch bekommen und wurde aufgehalten. Aber jetzt bin ich da, und wir beide können starten. Versprochen ist doch versprochen, nicht wahr?«

»Klar!« lacht Thomas erleichtert und boxt Onkel Alfred freundschaftlich in die Rippen. »Versprochen ist versprochen!«

Stichwort: Versprechen/Verheißungen
Beispiel: Gottes Verheißungen an Abraham – 1. Mose
    15, 1–7

Buchträume

Anna liegt in ihrem Bett und liest. Es ist ein sehr spannendes Buch, und Anna will nicht gestört werden. Am liebsten liest Anna Pferdebücher und Geschichten, die etwas mit Schule zu tun haben.

Dieses Buch hier handelt von einem Mädchen und ihrem Pferd, die zusammen viele aufregende Abenteuer erleben. Anna liest und liest, und irgendwann klappt sie seufzend das Buch zu. Schluß. Aus – schade! Anna schließt die Augen ganz fest und fühlt sich einen Moment lang wie das Mädchen in dem Buch. Es muß toll sein, ein Pferd zu besitzen. Ganz für sich allein träumt Anna.

Als sie die Augen wieder öffnet, fällt ihr Blick auf die letzte Umschlagseite des Buches. Da steht, daß es noch einen zweiten Band gibt, der von dem Mädchen und ihrem Pferd handelt. Rasch setzt Anna sich auf und liest sich die wenigen Zeilen genau durch. Prima! Sie will gleich morgen in der Schülerbücherei herausfinden, ob sie sich das Buch dort ausleihen kann. Anna merkt sich genau den Titel: »Tinta und Blitz fangen die Wilddiebe«.

Es ist eine tolle Sache mit der Schülerbücherei. An einem bestimmten Tag in der Woche gibt die Klassenlehrerin an die Kinder Bücher aus, die sie sich selbst aussuchen dürfen. Nach ein oder zwei Wochen bringen die Schüler die Bücher dann wieder mit in die Schule. Es gibt eine Menge spannender Bücher in der Schülerbücherei. Anna will später, wenn sie groß ist, in einem

Buchladen arbeiten. Am liebsten würde sie schon morgen damit anfangen! »Wenn ich doch bloß ein einziges Mal die Bücher an die anderen Kinder ausgeben dürfte«, denkt Anna sehnsüchtig. »Dann könnte ich schon mal ein bißchen üben.«

Am anderen Tag steht Anna am Büchertisch und sucht nach ihrem Lieblingsbuch. Leider ist es nicht darunter, und enttäuscht will sie schon auf ihren Platz zurückgehen, als Karin laut ruft: »O – das ist ja toll – ›Tinta und Blitz fangen die Wilddiebe‹! Endlich! Den ersten Band kenne ich nämlich schon.« Karin hält das Buch triumphierend hoch in die Luft und lacht. »Was?« ruft Anna. »Ausgerechnet dieses Buch willst du dir ausleihen? Ich hab's aber schon die ganze Zeit gesucht. Gib es mir – ich möchte es zuerst lesen!« Schon will Anna aufgebracht dem anderen Mädchen das Buch aus der Hand nehmen, da fängt sie einen seltsamen Blick von der Lehrerin auf.

Schnell sagt sie: »Entschuldige, Karin, ich kann mir das Buch ja hinterher ausleihen. Ich meine, wenn du es gelesen hast.« Sie will sich gerade ein anderes Buch aussuchen, als die Lehrerin sie freundlich anspricht: »Anna, hättest du vielleicht Lust, mich ein wenig hier zu vertreten? Ich könnte dann in Ruhe zwei Telefongespräche erledigen. Willst du?«

Anna strahlt. »Klar, und ob!«

Stichwort: Nachgeben
Beispiel: 1. Mose 13, 1–12

Heikes Vertrauen und der Sprung

Es ist Sonntag. Papa und Heike machen einen Spaziergang. In der Nähe des Kindergartens kommt ihnen ein fremdes Mädchen mit seinem Vater entgegen. Heike beobachtet die beiden. Sie hört, wie das fremde Mädchen zu seinem Vater sagt: »Papa, du mußt einfach mehr Vertrauen zu mir haben.« Da greift der Mann seiner Tochter scherzhaft in den Nacken und schüttelt sie scherzhaft wie einen kleinen Hund hin und her. Schon sind die beiden an Heike und ihrem Vater vorbeigegangen.

Heike blickt ihnen nach und überlegt. Dann fragt sie nachdenklich: »Sag mal, Papa, was ist das eigentlich: ›Vertrauen‹. Ich meine, kannst du mir das mal richtig erklären?«

Papa runzelt die Stirn und denkt nach. »Du«, sagt er, »das ist gar nicht so einfach.«

Stimmt, mit Worten kann man manches nicht gut erklären. Aber Heikes Vater hat eine Idee.

»Komm mal mit«, fordert er Heike auf, »ich werde dir etwas zeigen.« Er legt seinen Arm um Heikes Schultern und führt sie ein paar Häuser weiter. Vor einer Mauer bleiben sie stehen. Vor einer Mauer, die so hoch ist, daß Heike nicht hinübersehen kann.

»Und?« fragt das Mädchen verdutzt. »Was ist mit dieser Mauer?« Doch der Vater packt Heike wortlos unter den Armen und stellt sie mit einem Schwung ganz oben auf die Mauer. »So«, nickt er befriedigt, »jetzt sieh mal zu, wie du da wieder herunterkommst.«

»Nein!« schreit Heike entrüstet. »Das kannst du doch nicht einfach machen. Das schaffe ich nie allein. Die Mauer ist viel zu hoch! Hilf mir doch bitte wieder runter.«

Und was macht der Vater wohl? Richtig – er hilft seiner kleinen Tochter. Und wißt ihr, wie? Er breitet einfach seine beiden Arme weit aus und sagt ruhig: »Komm, spring.«

Und Heike? Die zögert erst einen Moment, denn die Mauer ist wirklich sehr hoch. Aber dann, ja dann springt sie – ihrem Vater genau in die ausgebreiteten Arme!

»Puh«, Heike schüttelt sich, »das war aber ungemütlich da oben. Warum hast du das gemacht, Papa?«

Der Vater streicht Heike über den Kopf, zwinkert mit den Augen und antwortet lächelnd: »Ich wollte dir zeigen, was ›Vertrauen‹ ist. Du hast soeben Vertrauen zu mir gehabt und fest damit gerechnet, daß ich dich auffangen würde. Sonst wärest du wohl nicht von der Mauer gesprungen, oder?«

Heike lacht: »Nee, ich bin doch nicht blöd!«

Stichwort: Vertrauen
Beispiel: Hebräer 10, 35/Hebräer 11, 1ff.

Wie oft ist das: nicht allzu oft?

Susanne kommt aus der Schule heim und freut sich. Sie hat in der Rechenarbeit eine Zwei geschrieben und will das ganz schnell ihrer Mutti erzählen. Ungeduldig drückt sie auf die Klingel und saust wie der Wind die Treppe hinauf. Sie reißt die Wohnungstür auf und ruft: »Mutti – du, stell dir vor . . .« Doch mitten im Satz bricht sie ab und schließt leise die Tür hinter sich. Die Mutter telefoniert gerade und legt bezeichnend den Zeigefinger auf ihren Mund. Susanne soll still sein.

Schade, denkt das Mädchen enttäuscht und stellt langsam ihre Schultasche in die Ecke. Sie setzt sich auf einen Küchenstuhl und schaut zur Mutter hinüber. Mit wem sie wohl spricht?

»Natürlich, . . . selbstverständlich«, hört Susanne die Mutter sagen. »Genau das meine ich auch. Soll sie sich doch nicht wundern, wenn es ihr so ergeht. Sie ist ja auch selbst schuld daran. Und im übrigen: ich mag Frau Schuhmann sowieso nicht besonders, Sie vielleicht?«

Unruhig ist Susanne inzwischen auf ihrem Stuhl hin und her gerutscht. Zu gern möchte sie wissen, mit wem die Mutter da so vertraulich spricht.

In diesem Augenblick sagt die Mutter in den Hörer: »Bis nächste Woche, dann können wir uns weiter unterhalten. Jetzt muß ich das Essen kochen. Auf Wiederhören, Frau Becker!« Sie legt den Hörer auf die Gabel.

Susanne hat sich bei den letzten Worten kerzengerade hingesetzt und platzt nun entgeistert heraus: »Du liebe Güte – seit wann magst du denn Frau Becker so gut leiden? Sonst wolltest du doch nie etwas mit ihr zu tun haben!«

»Ach Kind«, winkt die Mutter ab, »das verstehst du noch nicht. Nein – was sie mir da eben erzählt hat, das muß ich gleich heute abend Papa berichten.«

»Du, Mutti«, sagt Susanne leise und zupft an den Fransen der Tischdecke, »ich finde es nicht schön, wenn man über andere Leute schlecht spricht. Du hast mir immer gesagt, daß man so was nicht machen soll. Und jetzt – jetzt tust du's selber.«

Die Mutter dreht sich nicht um, als sie antwortet: »Laß mal, Susi, das macht jeder mal. Und wenn man's nicht allzu oft tut, ist es auch nicht schlimm.«

Susanne steht auf, gibt ihrer Schultasche unwillig einen Tritt und murmelt: »Wie oft ist das eigentlich – ›nicht allzu oft‹?«

Stichwort: Verleumden/Vorbild
Beispiel: Jakobus 3, 5–13

Lilo ist nicht hübsch, aber . . .

Bettina sitzt auf dem Fußboden in ihrem Kinderzimmer. Kerstin ist bei ihr. Kerstin ist ihre beste Freundin. Beide Kinder spielen mit ihren Puppen. Bettina hat eine wunderschöne blonde Puppe, die Mama sagen kann und sogar ganz allein ein paar Schritte läuft, wenn man einen kleinen Hebel an ihrem Rücken bewegt. Bettina ist sehr stolz auf ihre Puppe. Sie hat sie Maximiliane getauft, weil besondere Puppen auch besondere Namen haben müssen.

Bettina hockt im Schneidersitz und kämmt Maximilianes langes blondes Haar. Als es ganz glatt ist und sich herrlich weich anfühlt, steckt sie der Puppe eine kleine hellblaue Spange hinein mit vielen glitzernden Steinchen.

»Schau mal«, Bettina hält Maximiliane hoch. »Ist sie nicht wunder-wunderschön?« Stolz betrachtet sie die Puppe.

Kerstin ist gerade dabei, ihrer Lilo ein anderes Kleidchen anzuziehen. Sie blickt auf, sieht Maximiliane bewundernd an und nickt. »Ja, sie ist wirklich wunder-wunderschön. Aber meine Lilo ist auch wunder-wunderschön.«

Bettina betrachtet Kerstins Puppenkind. Nein, sie findet Lilo nicht schön. Lilo hat ganz kurze, etwas struppige dunkle Haare, sie ist ein ganzes Stück kleiner als Maximiliane und überhaupt – ihre Wangen sind schon etwas abgeschabt, und an einer Hand fehlt der Puppe ein Finger. Kerstins Bruder hat aus Versehen einmal darauf getreten. Kerstin wickelt seitdem immer einen kleinen Verband um Lilos Hand. Nein, denkt Bettina, hübsch sieht das nicht aus.

Die beiden Mädchen spielen noch eine ganze Zeitlang mit ihren Puppen. Bettina zieht Maximiliane aus und an, läßt sie allein laufen und »Mama« rufen. Kerstin geht mit ihrer kleinen Puppentochter zum Doktor und läßt den Verband neu wickeln, sie cremt ihr zart mit den Fingern die kleinen Bäckchen ein und knuddelt und drückt ihr Püppchen – gerade so, wie die Mutter es mit ihr oft macht.

Bettina schaut ihrer Freundin eine Weile stumm zu. Wie lieb sie zu Lilo ist! Und weil sie so lieb ist, denkt Bettina, sind Lilos Haare auch so zerzaust. Kerstin ist eine gute Puppenmutti. Sie muß ihre Lilo sehr, sehr gern haben . . .

Plötzlich schämt sich Bettina. Sie setzt Maximiliane auf einen kleinen Kinderstuhl und bittet Kerstin: »Darf ich Lilo auch mal haben?« Und ganz vorsichtig nimmt sie Lilo in den Arm, streicht liebevoll über den weißen Verband und sagt: »Du, Lilo ist wirklich wunder-wunderschön.«

Stichwort: Einsicht
Beispiel: Sprüche 16, 16

Nicht nur für Erwachsene

Bastian kommt nachdenklich aus der Schule nach Hause. Der Lehrer hat in der Religionsstunde gesagt: »Kinder, glaubt nicht, daß ihr zu klein seid, um die Bibel zu verstehen. Das schönste Buch, das es auf der Welt gibt, ist nicht nur für Erwachsene geschrieben.«

Darüber denkt Bastian jetzt nach.

Er weiß, daß es zu Hause eine Bibel gibt. Die Mutter liest am Heiligen Abend jedes Jahr die Weihnachtsgeschichte daraus vor. Die versteht Bastian gut. Aber sonst? Sonst hat er eigentlich immer gedacht, daß alles andere in der Bibel noch nichts für Kinder ist. Er hat niemals selbst hineingeschaut.

Bastian gibt einem schwarzen Kiesel mit der Fußspitze einen Schubs und sieht zu, wie er in den Rinnstein kullert.

Ich werde mal ausprobieren, ob es stimmt, nimmt sich der Junge vor.

Zu Hause begrüßt er rasch die Mutter, stellt seine Schultasche neben seinem Schreibtisch ab und holt sich aus dem Wohnzimmerschrank die Bibel. An der Stelle, wo die Weihnachtsgeschichte steht, steckt ein kleiner Zettel, den die Mutter aus einer Zeitung herausgerissen hat. Solange Bastian zurückdenken kann, steckt dieser Zettel schon da. Gelesen hat er ihn noch nie.

Bastian nimmt den Zettel heraus und liest halblaut: »Lasset uns ihn lieben, denn er hat uns zuerst geliebt.« (1. Joh. 4, 19).

Nach längerem Suchen und Blättern hat er den ersten Brief des Johannes aufgeschlagen und fährt nun mit dem Zeigefinger an den vielen Zeilen entlang, bis er den Vers 19 gefunden hat. Da steht es: »Lasset uns ihn lieben, denn er hat uns zuerst geliebt.«

Bastian gefällt der Vers.

Er stellt sich vor, daß Gott ihn, den Bastian, schon geliebt hat, als er selber von Gott noch gar nichts wußte. Ja, sogar schon, als er noch ein ganz kleines Baby war!

Ganz still sitzt er auf seinem Bett mit der Bibel auf den Knien und findet diesen Gedanken großartig.

Er liest weiter:

»Wenn jemand sagt, ich liebe Gott, und haßt seinen Bruder, ist er ein Lügner. Denn wer seinen Bruder nicht liebt, den er sieht, wie kann er Gott lieben, den er nicht sieht?«

Bastian nickt mit dem Kopf und sagt laut: »Ist doch klar, daß es Gott nicht mag, wenn wir Menschen miteinander streiten.«

Ihm fällt ein, daß Mutti kürzlich gesagt hat: »Gott ist die Liebe.«

Wieder nickt Bastian und brummt zufrieden: »Stimmt, ich bin nicht zu klein für die Bibel. Ich kann das schon verstehen.«

Er steht auf, holt sich einen Zettel und einen Bleistift von seinem Schreibtisch und schreibt in seiner schönsten Schrift darauf:

»*Lasset uns ihn lieben, denn er hat uns zuerst geliebt.*«

Als Bastian die Bibel wieder ins Wohnzimmer hinüberträgt, stecken zwei Zettel an der Stelle, wo die

Weihnachtsgeschichte steht. Auf beiden steht genau
dasselbe . . .

Stichwort: Gottes Liebe zu den Kindern/Liebe zu Got-
tes Wort
Beispiel: Kindersegnung – Lukas 18, 15–17/Micha
6, 8/Johannes 8, 47

Das doppelte Fest

»Juchuh!« Annelie springt in die Luft, läuft schnell zu ihrer Mutter und drückt sie ganz fest an sich. »Mama, du bist die Beste!« sagt sie und strahlt ihre Mutter an.

Warum ist sie so fröhlich? Nun – Annelie hat am nächsten Samstag Geburtstag. Sie will vier Freundinnen einladen, und es soll eine tolle Party werden. Sie freut sich schon ganz doll darauf und kann den Samstag kaum abwarten. Ja, und gerade haben Mutti und Annelie wieder einmal über das Fest gesprochen, und da hat Mutti gemeint, es sei doch viel zu schade, alle Freundinnen wieder nach Hause zu schicken. Annelie hat darüber nur gelacht und gemeint, sie könnten ja am besten alle im Kinderzimmer übernachten! Und da hat Mutti doch tatsächlich geantwortet: »Siehst du, Annelie, genau das habe ich gemeint. Wäre das nicht einmal ein ganz besonderer Geburtstag? Wir beginnen mit der Party erst am späten Nachmittag, und dann bleiben alle über Nacht hier. Abends könnt ihr dann so richtig Budenzauber machen. Wie wäre das?«

Sicher könnt ihr euch denken, wie großartig Annelie diesen Vorschlag fand. Und deshalb rennt sie jetzt rasch ins Kinderzimmer, um sich eine hübsche Geburtstagseinladung für ihre Freundinnen auszudenken.

Während sie an ihrem Schreibtisch sitzt und sich ausmalt, wie sie am Sonntag alle zusammen am Frühstückstisch sitzen und herumalbern werden, kommt ihr plötzlich auch ein anderer Gedanke. Am Sonntagvormittag ist Kindergottesdienst. Daran nimmt sie immer sehr regelmäßig teil. Aber wie ist das, wenn man schon am Vormittag Gäste hat? Annelie überlegt. Soll sie trotzdem gehen? Aber das kann sie eigentlich nicht gut. Man kann doch seine Gäste nicht einfach allein lassen. Und außerdem – eine so tolle Geburtstagsparty darf man nicht immer feiern. Sie mag nicht auf das Zusammensein mit ihren Freundinnen am Sonntagvormittag verzichten.

Andererseits macht es ihr viel Spaß, im Kindergottesdienst die Geschichten über Jesus zu hören.

Ist es nicht so, daß man entweder ganz zu Jesus gehören muß oder gar nicht? Hat nicht Jesus selbst gesagt, daß alle anderen Dinge zurückstehen sollen, wenn man zu ihm gehören will?

Annelie denkt eine Weile darüber nach. Dann weiß sie, was sie tun wird.

Am Samstag, als alle in einer fröhlichen Runde am Abendbrottisch sitzen und sich selbst einen Hamburger zusammenstellen, steht Annelie auf und verkündet ihren Gästen: »So, jetzt gibt es gleich einen tollen Budenzauber, mit Kissenschlacht und allem Drum und Dran. Und morgen, nach dem Frühstück, könnt ihr alle mitkommen in den Kindergottesdienst. Ich lade euch ein!«

Stichwort: Vom Ernst der Nachfolge Jesu/Bekenntnis/
Evangelisation
Beispiel: Markus 10, 17–31

Trost für Sabine

Sabine ist traurig. Während sie heute morgen in der Schule war, hatte Papa die Mutti ins Krankenhaus gefahren. Mutti war es schon in der Nacht nicht gut gegangen, und nun muß sie vielleicht noch heute operiert werden.

Sabine sitzt vor ihren Schularbeiten. Aber ihre Gedanken sind nicht bei den Rechenaufgaben, sondern bei Mutti im Krankenhaus.

Papa hatte Sabine zwar getröstet und ihr versichert, daß Mutti bestimmt bald wieder ganz gesund sein würde, aber trotzdem macht sie sich große Sorgen. Es ist so leer in der Wohnung. Papa arbeitet im Büro. Gleich wird Tante Christel kommen und ein paar Tage bei Sabine und Papa wohnen. Sie wird Sabine morgens wecken und ihr ein Schulbrot machen. Sie wird ihr am Nachmittag bei den Schulaufgaben helfen und sie abends zu Bett bringen.

Tante Christel ist nett. Sabine mag sie sehr. Aber lieber, viel lieber wäre es ihr, wenn Mutti jetzt hier wäre. Sabine schluckt, und plötzlich kann sie nicht mehr richtig sehen. Alles ist so verschwommen. Sie reibt sich mit dem Handrücken über die Augen und schluckt noch einmal ganz kräftig. Aber der dicke Kloß in ihrem Hals will einfach nicht verschwinden.

Es klingelt. Als Sabine mit traurigem Gesicht die Tür öffnet, nimmt Tante Christel sie ganz lieb in die Arme und tröstet sie: »Schau, Sabinchen, sei nicht traurig. Jetzt bleibe ich bei euch, bis die Mutti wieder aus dem

Krankenhaus zurück ist, ja? Wir werden uns sicher gut verstehen.« Sabine nickt und versucht zu lächeln. Tante Christel ist wirklich sehr nett.

Sabine hilft ihr beim Kofferauspacken und zeigt ihr, wo alles in der Wohnung steht, damit die Tante sich besser zurechtfindet.

Am Abend kommt Vater heim und erzählt, daß die Mutti operiert worden sei. Jetzt müssen alle warten und hoffen, daß es ihr bald wieder besser gehen wird. Sabine ist sehr bedrückt, als sie schlafen geht. Ihr fällt ein, was Mutti immer sagt, wenn jemand Sorgen hat. Sie sagt, man dürfe alle Sorgen an den Herrn Jesus weitergeben. Man soll beten und den Herrn Jesus um Hilfe bitten, weil er der einzige ist, der helfen kann.

Rasch richtet sich Sabine in ihrem Bett wieder auf und faltet die Hände. Ganz fest kneift sie die Augen zu und beginnt zu beten:

»Lieber Herr Jesus, Mutter hat gesagt, daß alle Menschen ihre Sorge an dich weitergeben dürfen und daß du als einziger allen helfen kannst. Ich glaube, daß Mutti recht hat. Bitte, lieber Herr Jesus, mach du die Mutti wieder recht bald ganz gesund. Wir haben sie so lieb und möchten sie bald wiederhaben. Amen.«

Nach diesem Gebet fühlt sich Sabine viel besser. Auch der dicke Kloß im Hals ist endlich verschwunden. Sie kuschelt sich in ihre Decke, schließt die Augen, und bald ist sie fest eingeschlafen.

Am nächsten Morgen kommt die Tante herein und weckt Sabine mit einer guten Nachricht. Der Vater hat schon ganz früh am Morgen im Krankenhaus angerufen und erfahren, daß es Mutti besser geht. Am Nachmittag dürfen Papa und Sabine sie sogar schon besuchen.

Sabine macht einen großen Satz aus ihrem Bett und springt ihrer Tante Christel vor Freude an den Hals. »Na siehst du«, meint die Tante und streicht Sabine erleichtert über den Rücken, »nun müssen wir uns keine Sorgen mehr machen, nicht wahr?«

Sabine schüttelt den Kopf und dann sagt sie froh: »Ich hab' mir schon seit gestern abend keine Sorgen mehr gemacht.«

Stichwort: Sorge und Last abgeben
Beispiel: Psalm 9, 11/Psalm 55, 23

Der dümmste Esel der ganzen Welt

Mißmutig sitzt Klaus über seinen Schularbeiten. Dabei hätte er allen Grund, sich auf heute nachmittag zu freuen. Er will nämlich mit Sven und Jörg zum Schwimmen ins Freibad gehen. Er hatte sich mit den beiden bereits in der Schule verabredet und muß nun vorher noch seine Aufgaben erledigen. Es könnte alles ganz prima sein, wenn an der Sache nicht doch ein Haken wäre.

Klaus' Oma liegt nämlich seit einigen Tagen mit einem eingegipsten Fuß in ihrer Wohnung. Sie wohnt nicht weit weg von dem Haus, in dem Klaus mit seinen Eltern lebt. Die Mutter von Klaus geht arbeiten, und Oma ist deshalb meistens allein. So hat Klaus ihr versprochen, sie jeden Tag zu besuchen und ihr etwas aus der Zeitung vorzulesen. Klaus liebt seine Oma sehr. Deshalb geht er auch immer gern am Nachmittag eine Zeitlang zu ihr. Nur heute – heute hat er keine Lust dazu, weil er doch so gern mit seinen Freunden zum Schwimmen möchte. Aber wird die Oma nicht enttäuscht sein, wenn er nicht kommt? – »Ach was«, denkt Klaus, »ich rufe sie an und sage ihr, ich hätte furchtbar viel Schularbeiten auf. Ich sage ihr einfach, ich hätte heute keine Zeit, sie zu besuchen. Daß ich in Wirklichkeit bloß keine Lust habe, muß ich ja nicht unbedingt erzählen. Dann kann sie auch nicht traurig sein.«

Zufrieden sieht Klaus nun zu, daß er mit seinen Aufgaben fertig wird. Danach ruft er die Oma an und sagt: »Schade, Oma, aber heute kann ich dich nicht besuchen kommen. Ich habe so viel Schularbeiten auf, daß ich noch lange nicht fertig bin. Ich komme dann morgen wieder, ja?« Oma ist lieb. Sie hat Verständnis für Klaus und sagt sofort: »Aber natürlich, mein Junge. Mach nur sorgfältig deine Schularbeiten, und dann kommst du eben morgen, nicht wahr? Ich freue mich schon darauf.«

Langsam legt Klaus den Hörer auf die Gabel zurück. Einen Augenblick lang hat er ein schlechtes Gewissen. Aber schon im nächsten Moment packt er eifrig seine Schwimmtasche, greift nach dem Wohnungsschlüssel und springt die Treppe hinunter. Draußen warten bereits seine Freunde auf ihn und – juppheidi – hat Klaus seine Schwindelei vergessen. Auch im Freibad denkt er nicht mehr daran. Da wird getobt, geschwommen, Fußball gespielt – es ist ein herrlicher Nachmittag! Müde und mit einem kräftigen Sonnenbrand auf den Schultern fällt Klaus am Abend in sein Bett. Er weiß nicht recht, wie er sich hinlegen soll, denn seine Arme brennen wie Feuer. Schließlich schläft er aber doch ein, denn so ein Nachmittag im Freibad macht ganz schön müde.

Am nächsten Tag nach den Schularbeiten geht er zu Oma. Er hat einen Schlüssel zu ihrer Wohnung und öffnet leise die Tür. Doch Oma hat ihn schon gehört und ruft aus dem Nebenzimmer: »Klaus! Komm nur herein! Schön, daß du da bist.« Sie sitzt im Wohnzimmer auf dem Sofa und hat ihr krankes Bein auf einen Stuhl gelegt. Klaus schiebt den Gipsfuß vorsichtig ein klein wenig weiter und setzt sich daneben. »Tag, Oma«, sagt er. »Na, was macht dein Fuß? Mama sagte heute morgen, daß der Gips bald herunterkommt. Stimmt das?«

Oma lächelt. »Das stimmt. Und wenn ich dann wieder richtig gut laufen kann, nimmst du mich mal mit ins Freibad, ja?«

Ach du liebe Zeit! Klaus wird über und über rot im Gesicht. Entgeistert stottert er: »D-ddu weißt . . .?« Oma nickt und droht ihm scherzhaft mit dem Finger. »Frau Bergmann, die unter mir wohnt, hat dich im Freibad gesehen. Sie ist nämlich mit ihrer kleinen Tochter auch dort gewesen.«

Klaus druckst herum und fragt schließlich leise: »Bist du mir jetzt böse, Oma?«

»Nein«, sagt Oma, »ich bin nur ein wenig traurig, weil du mich angeschwindelt hast. Bei dem schönen Wetter wäre es mir an deiner Stelle genauso gegangen wie dir. Schließlich war ich auch mal so jung wie du und bin gern ins Freibad gegangen. Warum hast du mir das nicht einfach am Telefon erzählt? Dann hätte ich gesagt: ›In Ordnung, Junge, ich wünsche dir viel Spaß beim Schwimmen. Aber komm vorher schnell noch vorbei, und hol dir ein bißchen Taschengeld für ein Eis.‹« Oma fährt Klaus mit der Hand durch die wuscheligen Haare und fügt augenzwinkernd hinzu: »Oder bin ich eine schreckliche alte griesgrämige Großmutter, mit der man nicht richtig reden kann?«

Da springt Klaus auf und ruft laut: »Neee – du bist die beste Oma von der ganzen Welt! Und ich bin der dümmste Esel der ganzen Welt!«

Oma lacht. »Na, ob mir aber jetzt ausgerechnet der dümmste Esel der ganzen Welt aus der Zeitung vorle-

sen soll? Das muß ich mir erst noch gründlich überlegen!«

Stichwort: Versuchung
Beispiel: Matthäus 6, 13

Das schlechte Gewissen läßt keine Ruhe

Helga und Jürgen haben ein schlechtes Gewissen. Ihr wißt sicher alle, wie das ist, ein schlechtes Gewissen haben. Da liegt man zum Beispiel abends in seinem Bett, möchte gern einschlafen und kann es einfach nicht. Man dreht sich von der einen Seite auf die andere, aber man muß immer an das denken, was man falsch gemacht hat. Tagsüber vergißt man so was oft schnell wieder, weil einen so viele Dinge ablenken können. Aber abends – abends liegt man womöglich in seinem Bett, und dann fällt einem das Schlimme, das man getan hat, wieder ein. Ja, und das läßt einen dann gar nicht recht zur Ruhe kommen. Bis – nun, bis es einem vielleicht so ergeht, wie es Helga und Jürgen ergangen ist.

Helga hat nämlich heute morgen Mamas guten Kosmetikspiegel zerbrochen. Dabei wollte sie nur mal genauso wie Mama ihre Lippen anmalen. Sie hat eigentlich ganz gut aufgepaßt, aber trotzdem ist ihr der Spiegel irgendwie von der Fensterbank gerutscht und auf den Badezimmerfliesen zerbrochen. Helga weiß genau, daß sie an Mamas Sachen nichts zu suchen hat.

Mama sagt immer: »Helga, wenn du von meinen Sachen einmal etwas benutzen möchtest, dann frag mich zuerst.«

Das hat Helga heute nicht getan. Weil sie befürchtet hatte, daß Mama ihr den Lippenstift sicher nicht geliehen hätte. Und nun ist der Spiegel kaputt. Helga wälzt sich unruhig im Bett herum, weil sie Mama noch nichts von ihrer Missetat erzählt hat. Bestimmt wird sie furchtbar böse werden. Ob Helga es ihr jetzt gleich sagen soll? Nein, lieber nicht. Helga traut sich nicht. Sie seufzt ganz laut und zieht sich die Bettdecke über die Ohren.

Jürgen, Helgas Bruder, fühlt sich auch nicht wohl in seiner Haut. Er hat an der frischen Erdbeermarmelade genascht, die die Mutter für Tante Christa in ein hübsches Glasschälchen gefüllt hatte. Tante Christa muß nämlich mit einer schlimmen Grippe das Bett hüten, und Mama hatte ihr mit der Marmelade eine Freude machen wollen. Nun wäre es nicht schlimm gewesen, wenn Jürgen einmal von dem leckeren süßen Erdbeerbrei probiert hätte, wenn nicht – ja, wenn ihm nicht dabei das hübsche Glasschälchen heruntergefallen und in tausend Stücke zersprungen wäre. Nun gibt es keine Erdbeermarmelade und auch kein Glasschälchen mehr, weil Jürgen, genau wie seine Schwester Helga, das Malheur rasch beiseite geschafft hat, bevor die Mutter es bemerken konnte.

Beide Kinder wissen genau, daß sie schlimme Sachen gemacht haben und daß durch ihre Schuld etwas zerbrochen ist. Ja, und nun liegen die beiden kleinen Unglücksraben im Bett und können nicht einschlafen.

Helga flüstert leise: »Du, Jürgen, sollen wir nicht doch die Mama rufen und ihr alles sagen?« Jürgen wispert zurück: »Meinst du, sie ist uns hinterher böse?« – »Ich weiß nicht«, sagt Helga, »Aber dann haben wir es ihr wenigstens schon mal gesagt.« »Ja, vielleicht ist das besser«, meint Jürgen. »Ich kann sowieso nicht einschlafen, du vielleicht?« »Nee«, meint Helga, und dann ruft sie zögernd: »Mutti! Kommst du noch einmal zu uns ans Bett?«

Und als die Mutter am Bett steht, fangen doch tatsächlich ihre beiden Kinder gleichzeitig an zu weinen! Na, so was! Sie setzt sich sofort zu Jürgen auf die Bettkante, streicht ihm tröstend über den Kopf, blickt Helga an und fragt erschrocken: »Du meine Güte, was habt ihr denn? Was ist passiert?« Da fangen beide an zu erzählen, und als ihre Geschichten, völlig durcheinander, endlich heraus sind, hat die Mutter nur verstanden: »Spiegel heruntergefallen« und »Erdbeermarmelade kaputt«. Aber das genügt schon. Alles andere kann sie sich zusammenreimen.

Mutter spürt, daß die beiden sich schämen und ihnen ihre Mißgeschicke leid tun. Eine Weile ist es still. Dann sagt Mutter ein wenig traurig: »Schade, den Spiegel hatte ich noch nicht sehr lange. Und mit dem Glasschälchen wollte ich Tante Christa überraschen. Na, das sind ja Sachen. Ihr Bande! Ein Glück habt ihr, daß ich euch so lieb habe. Sonst hätte ich euch nämlich jetzt den Allerwertesten versohlt! Dafür müßt ihr aber eine Strafarbeit verrichten. Ich werde nämlich morgen neue Erdbeermarmelade kochen, und ihr müßt mir dabei helfen. Wollt ihr das?«

Was meint ihr wohl, wie gerne die beiden das wollten! Schwupp – hingen sie an Mamas Hals und drückten sie beide zur gleichen Zeit ganz fest, und der dicke schwere Stein, den sie auf dem Herzen hatten, kullerte so laut herunter, daß es einen richtigen Plumps gab!

Stichwort: Schuld bekennen
Beispiel: Lukas 7, 36–50 / Kolosser 3, 13. 14 / 1. Johannes
1, 9

Wieviel Wasser bleibt in den Eimern zurück?

In der Klasse ist es ganz still. Man hört kein Stühlerükken, kein Füßescharren, nichts. Nur das Atmen der 25 Kinder, die an ihren Tischen sitzen, ist zu vernehmen. Alle sitzen über ihre Hefte gebeugt und schreiben etwas hinein. Manchmal stützt das eine oder das andere Kind sein Kinn auf die Handfläche und denkt nach. Die Augen wandern nach oben an die Klassendecke, als wenn dort das stünde, was eigentlich ins Heft gehört. Die Jungen und Mädchen schreiben gerade eine Rechenarbeit. Die Textaufgaben sind ziemlich schwer.

Vor allem Dieter quält sich herum, denn Textaufgaben mag er gar nicht. Er versteht oft nicht, wie die Aufgabe gemeint ist, und dann weiß er natürlich auch nicht, wie er zu der richtigen Lösung kommen soll. Dieter konnte gleich die erste Aufgabe nicht lösen. Jetzt versucht er es mit der zweiten. Doch auch da gibt es Probleme. Wenn er 40 Eimer Wasser zu je 10 l zur Hälfte ausschütten soll – wieviel Wasser bleibt dann anschließend insgesamt in den Eimern zurück? Du liebe Zeit – ist das schwierig! Dieter ist schon ganz verzweifelt, denn die anderen sind bestimmt schon bei der nächsten Aufgabe. Er will rasch einmal ganz vorsichtig zu Ralf hinüberblinzeln. Dieter beugt sich ein klein wenig nach links und dreht den Kopf langsam in Ralfs Richtung. Da flüstert Ralf halblaut: »He – nicht abgucken!« und legt schützend den Arm über sein Heft. Dieter erschrickt.

Auch die Lehrerin hat gehört, was Ralf geflüstert hat und kommt nun zu Dieters Tisch. »Was habe ich eben gehört?«

»Der Dieter hat abgeguckt!« ruft Ralf. »Ich hab's genau gesehen!«

»Ja, das stimmt«, bestätigt Karin, die hinter Dieter sitzt. »Ich habe es auch gesehen!«

Dieter bekommt einen roten Kopf. Ralf sagt: »Du wolltest abgucken, ich hab's genau gesehen, und Karin auch, und Constanze auch, nicht wahr?« Und damit wendet er sich zu Constanze um.

Beide Mädchen nicken, und Dieter wird es immer unbehaglicher zumute. Warum sagt Frau Nolte nichts?

Und dann wundert er sich. Die Lehrerin schaut nämlich nicht ihn, den Dieter, vorwurfsvoll an, sondern ihre Blicke wandern von Ralf zu Karin, und dann zu Constanze. Sie runzelt dabei die Stirn, als wenn diese drei abgeguckt hätten.

Schließlich stützt sie sich mit den Händen auf den Tisch von Karin und Constanze und sagt langsam und eindringlich: »Derjenige von euch dreien, der noch niemals bei einem Mitschüler versucht hat abzugucken, der soll bitte jetzt zu mir kommen und Dieter verpetzen.«

Stille.

Keiner der Kinder sagt ein Wort. Man hätte es hören können, wenn jetzt eine Stecknadel auf den Boden gefallen wäre.

Nach einer langen Weile sagt die Lehrerin und schaut dabei in die Runde: »Keiner? Dann habe ich mich vorhin doch wohl verhört. Nun, schreibt jetzt weiter an eurer Rechenarbeit. Und wer fertig ist, kann sein

Heft vorn aufs Pult legen und zur Pause hinausgehen.«
Sie richtet sich wieder auf und geht langsam zurück zu
ihrem Schreibtisch.

Dieter merkt plötzlich, wie gern er Frau Nolte hat,
beugt sich rasch wieder über sein Heft und versucht es
von neuem mit den Wassereimern in seiner Aufgabe.

Stichwort: Richten
Beispiel: Johannes 8, 3–11/Matthäus 7, 1–5

Die Mutter hat recht gehabt

Mama und Papa haben Gäste. Auf dem Tisch im Wohnzimmer stehen eine Menge leckerer Sachen. Salzgebäck, Käseplätzchen, Kümmelstangen und dazwischen bauchige Gläser mit einer goldbraunen durchsichtigen Flüssigkeit. Mama hat gesagt, Kinder dürfen nicht davon trinken, weil Alkohol drin ist. Kinder bekommen Bauchweh, und es wird ihnen ganz schwindelig, wenn sie Alkohol trinken.

Carsten kann das nicht so recht glauben. Er steht in der Tür und beobachtet, wie Mama und Papa mit den Gästen anstoßen. Die braune Flüssigkeit scheint den Erwachsenen gut zu schmecken, denn Onkel Ingo reibt sich nach einem guten Schluck den Bauch und macht genießerisch: »Aaaaah!« Carsten würde liebend gern einmal probieren. Er kann sich nicht vorstellen, daß ihm wirklich schwindelig werden würde, denn er ist ja eigentlich mit seinen neun Jahren schon recht groß. Ihm wird bestimmt nicht mehr so schnell übel. Carsten zuckt mit den Schultern und geht ins Kinderzimmer.

Nach einer Stunde hört er, wie sich die Eltern draußen in der Diele von den Gästen verabschieden. Der Junge läßt seine Eisenbahn im Stich und schlendert hinüber ins Wohnzimmer. Vor dem Tisch bleibt er stehen. Da sind immer noch die bauchigen Gläser und in einem von ihnen ist sogar noch ein wenig von der goldbraunen Flüssigkeit übriggeblieben.

Eigentlich kann es doch nicht so schlimm sein, wenn

ich mal ein ganz klein bißchen probiere, denkt Carsten. Dann weiß ich wenigstens ganz genau, ob es stimmt, was Mutti gesagt hat. Er lauscht hinaus in die Diele, doch die Erwachsenen unterhalten sich noch. Flink greift Carsten nach dem Glas, kneift die Augen fest zusammen und trinkt einen großen Schluck. Huuuuu, wie das brennt im Hals! Sofort muß er kräftig husten. Er bekommt kaum Luft, und ihm ist auf einmal ganz heiß im Bauch! Carstens Gesicht ist krebsrot vor Anstrengung. Das schmeckt ja scheußlich! Der Junge schüttelt sich.

Rasch stellt er das Glas wieder auf den Tisch zurück und läuft mit hochrotem Kopf ins Badezimmer, um einen kräftigen Schluck Wasser hinterherzutrinken. Er ist nun ganz sicher, daß die Mutter recht gehabt hat!

Stichwort: Zweifel/Gehorsam
Beispiel: Johannes 20, 24–29/Sprüche 1, 8

Hilfst du mir?

Ganz still ist es in der Wohnung. Mutter und Vater sind nicht zu Hause. Sie arbeiten im Büro. Andrea sitzt allein an ihrem Schreibtisch und macht ihre Schularbeiten. Sie sitzt schon eine ganze Zeitlang so da und kaut an ihrem Füller. Die Aufgaben sind sehr schwierig, und Andrea weiß genau, daß die Lehrerin am nächsten Tag schimpfen wird, wenn sie wieder nur die Hälfte gemacht hat. Wenn sie bloß wüßte, wie die Rechenaufgaben gelöst werden müssen! Andrea fühlt sich hilflos und ist traurig.

Wenn doch jemand da wäre, der ihr helfen könnte! Andrea seufzt tief und kritzelt gedankenverloren ein kleines Männchen auf ihr Löschblatt.

In diesem Moment klingelt es an der Tür. Andrea legt rasch den Füller auf den Tisch und geht zum Fenster. Sie öffnet es einen Spaltbreit und ruft hinaus: »Wer ist denn da?«

»Conny«, tönt es zurück, »mach doch mal auf!«

Andrea schließt das Fenster und läuft in die Diele. Sie ist sehr erleichtert. Conny, ihre Klassenkameradin, kommt im richtigen Moment. Sie wird ihr sicher helfen können. Froh öffnet sie dem Mädchen die Tür und fragt gleich im Flur: »Du, ich finde es prima, daß du mich besuchen kommst. Wir können gleich zusammen spielen. Hilfst du mir vorher bei den Schularbeiten? Allein kriege ich die Rechenaufgaben nicht hin.«

»Klar mache ich das!« lacht Conny. »Die sind auch

diesmal wirklich schwierig, aber zu zweit schaffen wir's schon.«

Fein, daß Andrea eine so gute Freundin hat!

Stichwort: Alleinsein/Hilfsbereitschaft/Helfen
Beispiel: 1. Mose 2, 18/Galater 6, 2

Geteilt schmeckt besser

Karin steht in einem Schreibwarengeschäft. Die Mutter hat ihr Geld für zwei neue Schulhefte gegeben. Karin darf zum ersten Mal ganz alleine einkaufen. Sie fühlt sich sehr erwachsen. Sorgfältig wählt sie in den Regalen die richtigen Hefte aus und bezahlt sie an der Kasse. Als Karin den Laden verläßt, freut sie sich, denn eine Mark ist übriggeblieben. Die Mutter hatte gesagt, daß sie sich für den Rest des Geldes ein Eis kaufen darf.

So schlendert sie an den Schaufenstern entlang und bleibt immer wieder vor den vielen bunten Auslagen stehen. So ein Stadtbummel ist prima, denkt Karin, und leckt sich bei dem Gedanken an ein leckeres Eis genußvoll die Lippen. Erdbeereis will sie essen und Heidelbeereis. Beides sind ihre Lieblingssorten. Hhhmmmm!

Vor einem Spielzeugladen bleibt sie stehen, um eine besonders hübsche Puppe zu bewundern. Da tippt ihr jemand von hinten auf die Schulter. Es ist Susi, eine Klassenkameradin. »Hallo, Karin!« Die Mädchen geben sich die Hände. »Prima, daß ich dich treffe. Hast du ein bißchen Zeit?« Karin zeigt auf ihre Umhänge-tasche und antwortet: »Ja, ich habe mir gerade zwei neue Schreibhefte besorgt, und jetzt darf ich mir für eine Mark ein Eis kaufen.«

»Ich begleite dich ein Stück«, meint die Freundin, »Geld habe ich zwar keines, aber ich gehe noch mit bis zur Eisdiele. Dann können wir uns noch ein bißchen unterhalten, ja?«

Die beiden spazieren weiter und unterhalten sich dabei über die Schule und vieles andere.

»So«, sagt Susi nach einer Weile, »da sind wir. Tschüß dann, bis morgen!«

Doch Karin antwortet kurzentschlossen: »Weißt du was? Ich lade dich jetzt zu einem Eis ein. Jeder von uns bekommt eine Kugel Eis, dann reicht das Geld für uns beide.« Sie zieht die Freundin in die Eisdiele, und beide wünschen sich Erdbeereis.

»Danke«, sagt Susi überrascht, »das ist wirklich lieb von dir!«

Genießerisch schleckt Karin an ihrem Eis und lacht: »Komisch, das Erdbeereis schmeckt heute ganz besonders gut, findest du nicht auch, Susi?«

Stichwort: Teilen
Beispiel: Matthäus 25, 31–46

Ein ehrlicher Finder

Es ist ein warmer Sommertag. Klaus spielt in dem kleinen Stadtpark mit seinem Freund Daniel Verstecken. Daniel steht mit dem Gesicht vor einem dicken Baum und zählt laut: »1 – 2 – 3 – 4 – . . .« Rasch sieht sich Klaus nach einem geeigneten Versteck um. Er will gerade hinter einem dichten Busch verschwinden, als er etwas im Gras liegen sieht. Er hebt es auf. Es ist ein kleines grünes Portemonnaie. Klaus überlegt. Er hört Daniel zählen: ». . . 9 – 10 – 11 – . . .«

Nein, denkt Klaus, ich kenne niemand, dem dieses Geldtäschchen gehört. »Daniel!« ruft er. »Komm mal schnell her! Ich habe etwas gefunden!« – Klaus zeigt seinem Freund das Portemonnaie, und dann zieht er den kurzen Reißverschluß auf. An einer Stelle klemmt er ein wenig, und ungeduldig ruckelt Klaus an dem Verschluß herum, bis das Geldtäschchen ganz geöffnet ist. »Mensch, schau mal!« schreit er überrascht. »Da sind 40 DM drin – das ist eine Menge Geld! Davon kann ich mir einen tollen Lederfußball kaufen. Den wünsche ich mir schon so lange!«

Daniel runzelt die Stirn und wirft einen Blick auf das Geld. »Du mußt das Portemonnaie zum Fundbüro bringen. Mein Vater hat mal gesagt, ab einem bestimmten Betrag darf man gefundenes Geld nicht behalten, sondern muß es abgeben. Vielleicht sucht es schon jemand.«

Doch Klaus winkt ab und erwidert leichthin: »Ach Quatsch! Es weiß ja niemand außer uns, daß ich's gefunden habe.« Rasch läßt er seinen wertvollen Fund in der Hosentasche verschwinden.

Am Abend schiebt er das Geldtäschchen unter sein Kopfkissen, damit die Mutter es nicht entdeckt.

Klaus liegt die ganze Nacht mit dem Kopf auf dem kleinen grünen Portemonnaie. Er kann nicht schlafen. Er hört Daniel sagen: »Du mußt es zum Fundbüro bringen.«

Klaus ist noch ganz müde, als er am Morgen aufsteht.

Auf dem Frühstückstisch liegt sein Schulbrot. Nachdenklich steckt Klaus das Päckchen in seine Schultasche.

Als ihn die Mutter später zur Tür begleitet, zieht er langsam das grüne Portemonnaie aus seiner Hosentasche und sagt zögernd: »Da – das lag gestern auf der Wiese im Park. Es sind genau 40 DM drin. Du mußt es zum Fundbüro bringen.« Und lässig fügt er hinzu: »Und 'nen Lederfußball brauche ich jetzt sowieso nicht.«

Dann greift er rasch nach seiner Schultasche, winkt der Mutter noch einmal zu und rennt zu Daniel, der an der Ecke auf ihn wartet.

Stichwort: Einfluß durch andere/Gewissen
Beispiel: Hebräer 10, 24/3. Johannes 11

Eine bunte, verworrene Sache

Interessiert betrachtet Susanne das große Holzgestell, das mitten in Omas Wohnzimmer steht. Es ist ein Gestell, mit dessen Hilfe Oma einen richtigen Teppich knüpft. Ein breites Stück Teppich ist bereits fertig und hängt vorn herunter. Oma verwendet zum Knüpfen fröhliche, leuchtende Farben, die alle zusammen ein regelmäßiges, wunderschönes Muster ergeben.

Susanne gefällt das sehr. Behutsam streicht sie über die weiche Wolle. Wie der Teppich wohl von hinten aussieht?

Susanne bückt sich und kriecht vorsichtig hinter das Gestell. Nun kann sie die Rückseite des Teppichs betrachten. Ach, du liebe Zeit, ist das eine bunte, verworrene Sache! Susanne lacht. »Mensch, Oma«, kichert sie. »Das sieht auf dieser Seite aber durcheinander aus!«

Oma nickt schmunzelnd. Sorgfältig zieht sie mit einer Spezialnadel einen neuen Faden durch die Löcher und knüpft ihn geschickt in das Muster hinein. »Ja, Kind, das kommt, weil du nur die Unterseite des Teppichs siehst. Da geben die vielen bunten Fäden für dich keinen Sinn. Aber ich – ich sehe den Teppich von oben. Ich kenne das Muster und weiß genau, wie es weitergehen muß. So hat jeder Faden, den ich einknüpfe seinen Sinn. Ähnlich ist es auch in der Geschichte mit Jesus im Johannesevangelium. Da sagt Jesus:

Ich bin das Licht der Welt. Wer mir nachfolgt, hat
das Licht, das zum Leben führt und wird nicht
mehr im Dunkeln tappen.

Ein bißchen kann man das mit diesem Teppich vergleichen. Schau, Susanne, Jesus liebt jeden Menschen und hat mit jedem einzelnen Menschen seinen ganz besonderen Plan. Er kennt diesen Plan genau, aber wir können nicht wissen, was er mit uns noch alles geplant hat. Wir sehen unser Leben wie die Rückseite eines Teppichs. Für uns ist oft vieles durcheinander und unklar. Wir verstehen nicht, warum bestimmte Dinge mit uns geschehen. Aber Jesus – Jesus betrachtet unser Leben wie man einen Teppich von oben betrachtet. Er weiß genau, wie er den Faden unseres Lebens weiterführen muß, damit wir am Ziel ankommen.

Er möchte, daß wir willig mit ihm gehen, weil er besser weiß, was für uns gut ist. Er möchte, daß wir uns ihm anvertrauen. Er bietet uns an, daß wir mit ihm gehen im Licht, wo wir uns nicht fürchten müssen. Sollten wir dieses Angebot nicht annehmen – was meinst du, Susanne?«

Ein Weilchen bleibt es still hinter dem großen Holzgestell. Dann fragt Susanne nachdenklich: »Aber wie macht man das? Wie vertraut man sich denn Jesus an, damit er uns führt?«

Oma hebt den Teppich ein Stückchen hoch, beugt sich hinunter und schaut Susanne an. »Ganz einfach – man muß Jesus nur liebhaben und ihm das auch sagen. Wenn man jemand liebt, dann hat man auch Vertrauen zu ihm, und man redet gerne mit ihm, nicht wahr?«

»Hhhmmm«, macht Susanne und krabbelt nachdenklich hinter dem Holzgestell hervor.

Stichwort: Entscheidung für Jesus
Beispiel: Johannes 8, 12ff.

Stichwortverzeichnis

Bibelstellenverzeichnis